Tot in Mitte

H. CHRISTOF MÜLLER-BUSCH
JOACHIM WERNER

tot
in Mitte

Spaziergänge zu Kirchen,
Friedhöfen und Erinnerungsorten
in Berlin-Mitte

berlin edition im
be.bra verlag

Mehr Informationen im Internet

Bibliografische Information der Deutschen Nationalbibliothek
Die Deutsche Nationalbibliothek verzeichnet diese Publikation
in der Deutschen Nationalbibliografie; detaillierte bibliografische
Daten sind im Internet über http://dnb.d-nb.de abrufbar.

© berlin edition im be.bra verlag GmbH
Berlin-Brandenburg, 2012
KulturBrauerei Haus 2
Schönhauser Allee 37, 10435 Berlin
post@bebraverlag.de
Lektorat: Marijke Topp, Berlin
Gesamtgestaltung: typegerecht berlin
Schrift: Bliss 9,5/12,5 pt
Druck und Bindung: TPC
ISBN 978-3-8148-0197-1

www.bebraverlag.de

Inhalt

Vorwort

»Tot in Mitte« ist in der Absicht entstanden, den Blick aus einer anderen Perspektive auf die Attraktionen in Berlins lebendiger Mitte zu richten. Aus einer Perspektive, die jeden angeht und der sich niemand entziehen kann: Es geht um Zeugnisse, die mit Tod und Sterben zu tun haben, die in der Eile des Tages oft wenig oder nicht beachtet werden, die aber ein Thema berühren, das uns alle betrifft. Das Buch ist aus dem Zusammenwirken eines Historikers und eines Palliativmediziners hervorgegangen. Es behandelt das Thema Sterben, Tod und Trauer aus einer doppelten Perspektive: Einerseits regt es dazu an, sich auf die Suche nach verschütteten und zerstörten Zeugnissen zu begeben, die sich oft nur schwer finden lassen. Andererseits geht es auch darum, den Blick zu erweitern und durch die Auseinandersetzung mit dem Tabuthema Sterben und Tod für das eigene Leben etwas mitzunehmen.

Wir möchten Sie zu fünf Spaziergängen mitten im lebendigen Berliner Zentrum einladen, auf denen sich viele Zeugnisse von Sterben und Tod, aber auch von Leiden und Trauer seit der Gründung dieser Stadt bis in die jüngste Vergangenheit aufspüren lassen.

Nur einen Kilometer vom Alexanderplatz entfernt, wurden am Petriplatz auf der Fischerinsel die ältesten Überreste von Leben in dieser Stadt gefunden: Überreste von ca. 4000 menschlichen Skeletten, die darauf hinweisen, dass auf dem Petrikirchhof schon Anfang des 13. Jahrhunderts bestattet wurde. Sicherlich bietet Berlin viele Möglichkeiten für wunderbare Besuche der bekannten Sehenswürdigkeiten: Museen, Bauwerke, Parks und Seen, von denen es in Berlin besonders viele gibt – es lohnt sich immer wieder. Zu den wundersamsten Erfahrungen in einer fremden Stadt gehören jedoch Spaziergänge auf Friedhöfen, um sich auf Spurensuche in die Vergangenheit zu begeben. Berlin ist weltweit eine der Städte mit den meisten Friedhöfen und den größten Flächen für die Toten. Anders als in vielen anderen Großstädten der Welt konzentrierte sich die Entwicklung des Bestattungswesens in Berlin aber nicht auf einzelne Großfriedhöfe,

Petriplatz, 2012 – verschüttete Spuren mittelalterlicher Gräber

wie man sie etwa in Wien, Hamburg, Paris, London oder New York findet. Die 221 geöffneten und geschlossenen Berliner Fried- und Kirchhöfe sind mit einer Gesamtfläche von etwa 1147 Hektar über das gesamte Stadtgebiet verteilt. Allein im kleinen Bezirk Mitte mit einer Fläche von fast 40 Quadratkilometern und ca. 340 000 Bewohnern finden sich 26 Friedhöfe mit einer Gesamtfläche von 65 Hektar – sie spiegeln die Geschichte in besonderer Intensität wider. Zum Vergleich: Die für ihre Friedhöfe so berühmte Stadt Wien hat insgesamt »nur« 510 Hektar Friedhofsfläche, wovon fast die Hälfte auf den Zentralfriedhof entfällt. 79 Friedhöfe sind in der Denkmalliste Berlins als Gartendenkmale eingetragen.

»Tot in Mitte« konzentriert sich aber nicht nur auf Friedhöfe. Die Anregung des bekannten Berliner Feuilletonisten Heinz Knobloch »Misstraut den Grünanlagen« ist für einen solchen Entdeckungsgang durchaus zutreffend. Viele der Orte, die mit Leiden, Sterben und Tod in Verbindung stehen, wurden vom Schutt der Geschichte zugedeckt oder unter Grünanlagen begraben. Manchmal erinnern Gedenktafeln oder Stolpersteine, manches ist kaum noch zu finden. Deswegen möchten wir Sie mit diesem Führer ermutigen, gerade die Zeugnisse der Vergangenheit zu suchen, die nicht sofort ins Blickfeld geraten. Aber wenn sie gefunden und in der Er-

Heidereutergasse/Rosenstraße, 2012 – Mauerreste der Alten Synagoge

innerung lebendig werden, sind sie ein wertvoller Schatz, der auch die Perspektiven in der Gegenwart und für die Zukunft erweitert.

Wir danken all denjenigen, die uns bei der Arbeit zu diesem kleinen Führer unterstützt haben. Besonders bedanken möchten wir uns jedoch bei Frau Helga Knobloch, der Witwe von Heinz Knobloch, für die Erlaubnis, den von ihm stammenden Satz »Misstraut den Grünanlagen« in diesem Buch zu verwenden – Worte, die auch ihm Anregung waren, sich mit vielen der verschütteten Zeugnissen der Berliner Geschichte zu beschäftigen.

H. Christof Müller-Busch und Joachim Werner, im Sommer 2012

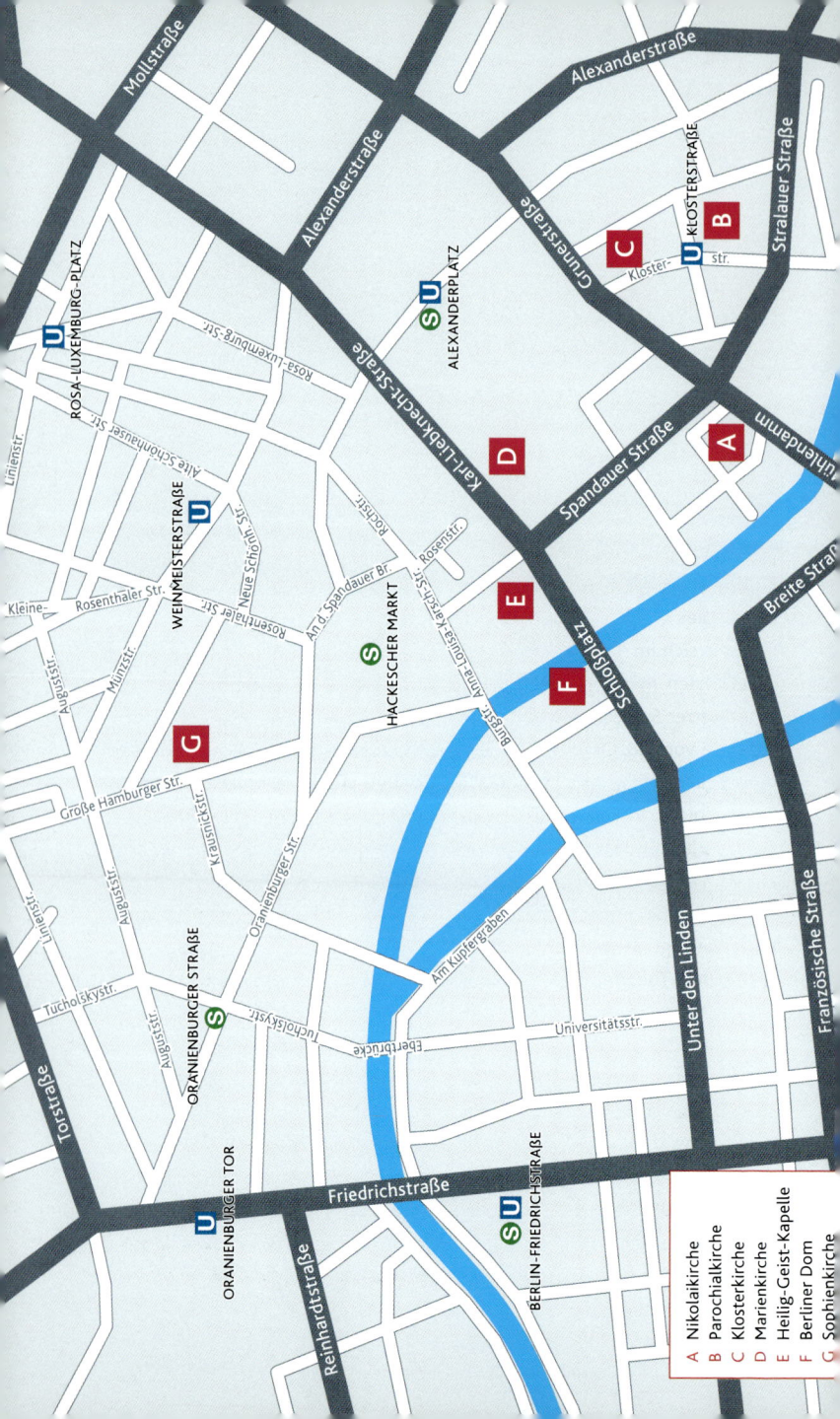

A Nikolaikirche
B Parochialkirche
C Klosterkirche
D Marienkirche
E Heilig-Geist-Kapelle
F Berliner Dom
G Sophienkirche

Alt-Berlin

Berlins Pantheon

NIKOLAIKIRCHE
Nikolaikirchplatz 1, 10178 Berlin
U-Bhf. Klosterstraße, S-Bhf. Alexanderplatz
Öffnungszeiten: täglich 10 – 18 Uhr
www.stadtmuseum.de

Berlin entstand zur Blütezeit des mittelalterlichen Pilgerwesens. Das sump-
fige Gebiet der Stadt wurde ursprünglich von slawischen Stämmen besie-
delt, die sich im 12. Jahrhundert dem Askanierfürsten Albrecht dem Bären
unterwerfen mussten. Der erste namentlich bekannte »Berliner« ist der
Petri-Pfarrer Symeon: »Symeon plebanus de Colonia« unterschrieb er eine
Urkunde vom 28. Oktober 1237, in der »Cölln« erstmals erwähnt wird. In-
sofern gilt 1237 als offizielles Jahr der Stadtgründung. Die erste Erwähnung
Berlins folgt 1244 – schon in der heutigen Schreibung. In einem Dokument
aus dem Jahr 1288 wird der Ort Berlyn genannt. Der Ortsname »Berlin« soll
aus dem Altpolabischen, einer slawischen Sprache, stammen, und bedeutet
so viel wie »Ort im Sumpf«, dem das slawische Wort »ber« (Morast, Sumpf)
zugrunde liegt, das mit dem für Ortsnamen typischen -(i)n verbunden wurde.
Eine andere Theorie führt den Namen »Berlin« auf eine Zusammensetzung
aus den Wörtern »bar« (Kiefernwald) und »rolina« (Ackerland) zurück.

Seit einigen Jahren wird auf dem Gebiet des Petriplatzes, einem unscheinbaren Areal zwischen Brüder-, Scharren- und der achtspurigen Gertrauden-
straße, intensiv gegraben. Hier befand sich einst das Zentrum von Cölln mit
der Petrikirche. Der Petriplatz gilt als der älteste Ort des heutigen Berlin. Man
fand bei Ausgrabungen im Jahre 2008 einen Eichenbalken, der vermutlich aus
dem Jahre 1183 stammt, und neben Krügen aus dem 14. Jahrhundert auch
Überreste von Knochen menschlicher Leichen, die seit 1200 in Gräbern rund
um die einstige Petrikirche bestattet worden waren. Auch wenn sich heute

im Stadtbild keine Spuren Cöllns mehr finden lassen, gelten die Funde bei den Ausgrabungen an der ehemaligen Petrikirche als die wichtigsten Hinweise für das mittelalterliche Leben und die Gründung der Stadt. So wird derzeit versucht, aus den in den Katakomben der Parochialkirche gelagerten und sorgfältig katalogisierten Skeletten mittels DNA-Analyse herauszufinden, ob sie slawische Spuren enthalten und man die in konservativen Kreisen des Kaiserreiches und zu NS-Zeiten, aber auch heute noch vertretene Annahme einer rein germanischen Urbevölkerung Berlins ad acta legen muss.

Vor fast 800 Jahren lag die mittlere Lebenserwartung bei 26 Jahren, mehr als fünfzig Prozent der damals Geborenen starben im Alter von unter fünf Jahren. Der Mensch war ein Knecht des Todes. Von den heute Neugeborenen können fast fünfzig Prozent damit rechnen, 100 Jahre und älter zu werden, die mittlere Lebenserwartung liegt bei 80 Jahren. Die Hochbetagten sind die am stärksten wachsende Bevölkerungsgruppe, wodurch die demographische Entwicklung zu einer gewaltigen Herausforderung geworden ist. Dennoch gab es schon im 13. Jahrhundert Menschen, die anthropologisch als Greise angesehen werden konnten und die ein Alter von mehr als 60 Jahren erreichten, wie Untersuchungen an Skeletten eindrucksvoll beweisen. Grobe Schätzungen gehen davon aus, dass es vielleicht zwei von 100 waren. Heute liegt der Anteil der über 60-Jährigen bei über 30 Prozent.

Skelettuntersuchungen gehören für Kriminologen und Mediziner, aber auch für Archäologen und Historiker zu den wichtigsten Informationsquellen über das Leben der Toten. Dabei geht es nicht nur um die Bestimmung des Sterbezeitpunktes und des Sterbealters, inzwischen lassen sich durch differenzierte Methoden auch Erkenntnissen über die Umstände des Todes und durch gentechnische Analysen wichtige Rückschlüsse auf die Lebensumstände der Toten ziehen, die ein lebendiges Bild einer Zeit vermitteln, die sich die wenigsten von uns vorstellen können. Inzwischen versucht man sogar über DNA-Analysen Verwandtschaftsbeziehungen bis zurück ins Mittelalter zu verfolgen. Die Bestattungsorte, Gräberfelder und Bestattungsformen der Vergangenheit wurden im Laufe der Zeit immer weniger beachtet und im wahrsten Sinne des Wortes zugeschüttet, wie z. B. der Ort, an dem die Petrikirche stand.

Die Nikolaikirche ist die älteste Kirche Berlins und geht in ihren Ursprüngen bis auf die Gründungszeit Berlins um 1200 zurück. Sie wurde als dreischiffige, kreuzförmige Feldsteinbasilika um 1230 in romanischem Stil aus

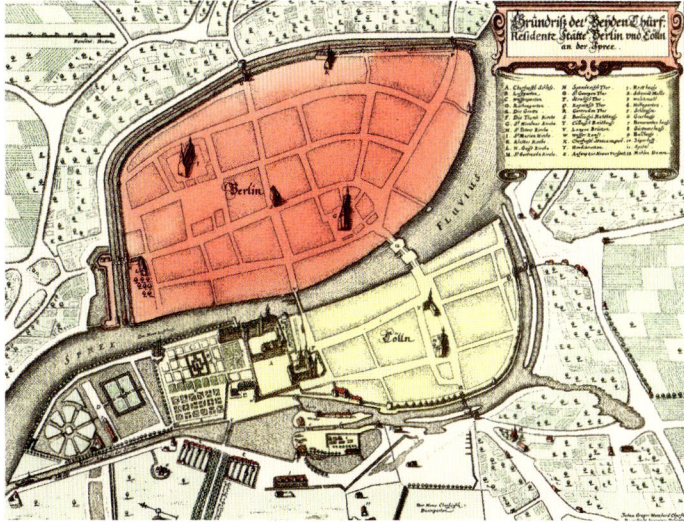

Berlin 1652, Memhardplan

Granitquadern erbaut. Ihr Patron ist der Hl. Nikolaus, unter anderem der Schutzheilige der Kaufleute, was auf die Gründung Berlins als Kaufmannssiedlung hindeutet. Der Westbau, ein dreigeschossiger Unterbau unter den beiden (neuen) Türmen, ist bis heute erhalten geblieben und somit das älteste aufrecht stehende Mauerwerk der Stadt. Zwischen 1380 und 1470 wurde die Nikolaikirche zur gotischen Hallenkirche mit Umgangschor und Kapellenkranz umgebaut, 1452 kam noch die Marienkapelle hinzu, die sich außen am Bauwerk rechts erhebt – die roten Backsteine bilden einen Kontrast zum Grau des Westbaus.

Auf dem Quadermauerwerk des Westbaus erhob sich bis ins späte 19. Jahrhundert ein asymmetrischer Turmaufbau mit achtseitigem Helm über dem südlichen und mit einem Satteldach über dem nördlichen Teil. Während der Restaurierung von 1876/78 ließ Stadtbaurat Hermann Blankenstein ihn durch eine Doppelturmfassade ersetzen. 1938 wurde die Nikolaikirche wegen Restaurationsmaßnahmen geschlossen und aufgrund des Krieges nicht wieder eröffnet, viele der Kunstwerke kamen in die benachbarte Marienkirche.

Im Krieg wurde die Kirche stark zerstört und stand jahrzehntelang als Ruine ohne Dach und Gewölbe in der Brache des nahezu völlig abgeräumten Nikolaiviertels. Erst durch die Pläne zum Wiederaufbau dieses Viertels und der Begehung der 750-Jahr-Feier Berlins kam sie wieder ins Blickfeld und wurde von 1980 bis 1983 nach alten Zeichnungen und Plänen mit den Blankensteinschen Türmen vollständig wieder aufgebaut. Heute dient sie der Stiftung Stadtmuseum als Ausstellungsraum für die mittelalterliche Geschichte Berlins.

Besondere Bedeutung hat die Nikolaikirche als Wirkungsstätte bedeutender Protestanten wie des Kirchenlied-Dichters Paul Gerhardt, der hier von 1657 bis 1667 als Pfarrer tätig war. Als Paul Gerhardt 1643 nach Berlin kam, war die damalige Berliner Bevölkerung durch Kriege, Pocken und Pest innerhalb weniger Jahre um mehr als 50 Prozent von 12 000 auf 5000 Einwohner gesunken. Die frühen Erfahrungen mit Krieg, Krankheit, Sterben und Tod haben die Kirchenlied-Dichtung Gerhardts wesentlich geprägt. Das von ihm stammende Lied »Befiehl Du meine Wege« gehört zu den wichtigsten Liedern in der christlichen Sterbebegleitung. Den Komponisten der »Paul-Gerhardt-Lieder«, Johann Crüger – er wirkte von 1622 bis 1662 als Kantor an St. Nicolai – kennen nur wenige. Der lutherische Theologe und bedeutende Pietist Philipp Jacob Spener war von 1691 bis zu seinem Tode Propst an St. Nikolai.

Die Nikolaikirche war auch Ort bedeutender politischer Ereignisse: 1539 trat hier der Rat von Berlin und Cölln geschlossen zum Luthertum über, 1809 wurde hier die erste Stadtverordnetenversammlung vereidigt und im Januar 1991 fand an diesem Ort in Erinnerung daran die konstituierende Sitzung des nach Beendigung der deutschen Teilung neu gewählten Berliner Abgeordnetenhauses statt.

Auch die Geschichte der Weimarer Republik und die des Nationalsozialismus haben einen Bezug zur Nikolaikirche: Von 1913 bis 1922 war Dr. Ludwig Wessel Pfarrer an St. Nikolai. Vor dem Krieg war er als scharfer deutsch-nationaler Rhetoriker bekannt, was ihn bald zum gefragten Frontprediger machte. Nach dem Krieg wirkte er bis zu seinem Tod im Jahre 1922 wieder in der Nikolaikirche. Das demokratische System der Weimarer Republik lehnte er ab und blieb Anhänger des Deutschen Kaiserreiches. 1922 starb er überraschend an den Folgen einer Operation und wurde auf dem St. Marien- und St. Nikolai-Friedhof I beigesetzt. Dieser sehr sehenswerte Friedhof mit vielen Grabmälern bekannter Berliner wurde nach Schließung der innerstädtischen Kirchhöfe 1802 in der Prenzlauer Allee 1 eröffnet.

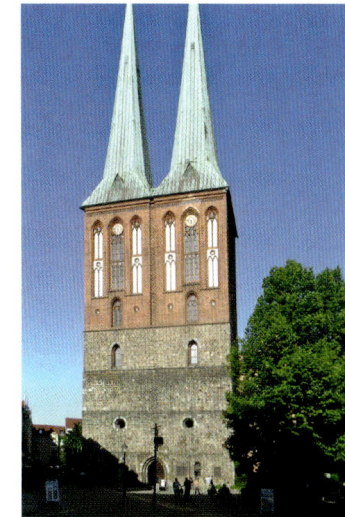

Nikolaikirche, 1827   Nikolaikirche, 2012

Wessels Sohn Horst verklärten die Nazis nach seinem gewaltsamen Tod 1930 zum »Märtyrer der Bewegung«. Sie benannten zahllose Straßen, Plätze und Institutionen im »Dritten Reich« nach ihm, obwohl er in seinen 23 Lebensjahren und nur vier Jahren Parteizugehörigkeit wenig Bleibendes hinterlassen hatte. Das von ihm auf die Melodie eines Seemannsliedes gedichtete »Die Fahne hoch …« wurde nach seinem Tod zur offiziellen Parteihymne der NSDAP und ab 1933 zur inoffiziellen Nationalhymne neben dem Deutschlandlied.

Man setzte Horst Wessel im Grab seines Vaters bei. Anlässlich seines 70. Todestages im Jahre 2000 kam es zu einer Aufsehen erregenden Grabschändung, zu der sich ein »Antifaschistisches Totengräberkomitee« bekannte. Man behauptete, dort gegraben und alle gefundenen Knochenreste der Familie Wessel in die Spree geworfen zu haben. Nach Polizeiangaben wurde allerdings nur oberflächlich gegraben, Täter konnten keine ermittelt werden.

Die Nikolaikirche als Museum

Die neue Dauerausstellung in dem nun wieder mit liturgischen Ausstattungsstücken versehenen sakralen Innenraum informiert über Baugeschichte, historische Funktionen des Gebäudes und die mit der Kirche verbundenen Persönlichkeiten. Die restaurierte Kanzel aus der nicht wiederaufgebauten Franziskaner-Klosterkirche wurde hier neu eingebaut und einige Barockfiguren des ursprünglichen Altars wieder aufgestellt.

Nikolaikirche, Inneres, 2012

Seit der Reformation nutzte man die Seitenkapellen für die Anlage von Familiengrüften. Durch die Anbringung von Grabdenkmälern an Wänden und Pfeilern wurde die Nikolaikirche »mit der Zeit zu einem Pantheon der Berliner Geschlechter und zu der vornehmsten Erinnerungsstätte für die geschichtliche Vergangenheit Berlins«. Die bemerkenswertesten Grabdenkmäler sind die des Pietisten Philipp Jacob Spener (1635–1705) und des Naturrechtsphilosophen und brandenburgischen Hofhistoriographen Samuel von Pufendorf (1632–1694). Mit der Annahme eines säkularen Naturrechts und der Befürwortung eines einheitlichen Völkerrechts war Pufendorf Wegbereiter der Aufklärung und hatte maßgeblichen Einfluss auf die Rechts- und Staatsphilosophie des 18. und 19. Jahrhunderts. Seine Theorie von der Ehe als Vertrag zwischen zwei mit gleichen Rechten ausgestatteten Individuen machte ihn zum Wegbereiter der Gleichberechtigung.

Die Bestattungskultur der vergangenen Jahrhunderte wird anhand von Epitaphien und Grabbeigaben erläutert. Epitaphien waren den Wohlhabenden vorbehalten. Grabbeigaben verdeutlichen das Leben der einfachen Leute. Es sind z. B. Kastanien, Murmeln und Kreisel zu sehen, die die Zöglinge eines Waisenhauses ihrer Gönnerin Rosina Schindler ins Grab mitgaben. Ein besonderer Höhepunkt ist die ehemalige Beyersche Gruft rechts neben dem Hauptportal. Hier können Museumsbesucher über steinerne

Nikolaikirche, Grabkapelle von Kraut, 2012

Stufen auf das Bodenniveau der Stadtgründungszeit Berlins hinabsteigen und den erst 1990 wieder entdeckten Münzschatz besichtigen, der durch Berliner Bürger zwischen 1514 und 1734 für den Turmknauf der Nikolaikirche zusammengetragen wurde. Gegenüber der Beyerschen Gruft liegt die reich ausgestattete Grabkapelle der Familie von Kraut.

Wer sich für die Grabkunst der Antike interessiert, findet nicht weit von hier, im Untergeschoss des 2009 wiedereröffneten Neuen Museums, eine sehr sehenswerte Dauerausstellung zur Sepulkralkunst der Ägypter, Griechen, Römer, Juden und Germanen.

Von der Nikolaikirche aus überqueren wir von der Eiergasse kommend die große Kreuzung und laufen die Stralauer Straße in östlicher Richtung entlang. Nach einigen Metern biegen wir auf der linken Seite in die Klosterstraße ein und erreichen die Parochialkirche.

Singuhr und Mumien

PAROCHIALKIRCHE

Klosterstraße, 10179 Berlin; U-Bhf. Klosterstraße, S-Bhf. Alexanderplatz
Öffnungszeiten: täglich 10 Uhr bis Einbruch der Dunkelheit

»Vivos voco, mortuos plango, fulgura frango. – Ich rufe die Lebenden, ich beklage die Toten, ich breche die Blitze« (Glockeninschrift aus dem Jahre 1486, die Friedrich Schiller seinem berühmten »Lied von der Glocke« vorangestellt hat). Zunächst wurden Glocken als Zeithinweis bzw. Ruf zum Gebet genutzt. In Fresken und Handschriften des Mittelalters finden sich schon aus mehreren Glocken bestehende Glockenspiele. Das Läuten der Glocken (in Notfällen, z. B. bei Feuersbrünsten, zum Beklagen der Toten oder zum Vertreiben von Gefahren, z. B. Gewitter) prägte das Leben in der Stadt viel deutlicher als heute.

Mit dem Aufkommen mechanischer Turmuhren mit Räderwerk und schweren Gewichten seit dem 14./15. Jahrhundert wurde es möglich, die Zeiteinteilung der Uhr unter Ausnutzung der Kraft der Gewichte hörbar auf die Glocken zu übertragen. Nach und nach wuchs die Zahl der Glocken in den Türmen und es kam zu einer Vielfältigkeit der Melodien. Die aus dem Orgelbau bekannte Traktur wurde auf das Glockenspiel übertragen. Das Glockenspiel wanderte auf die Türme, wurde als Musikinstrument weithin hörbar und begleitete das tägliche Leben und die kirchlichen Feste.

Nach der Reformation deckte man den Bedarf an protestantischen Gotteshäusern durch Umwidmung der bestehenden katholischen Kirchen. Da die Stadt ihre mittelalterliche Größe beibehielt, bestand zunächst keine Notwendigkeit für den Neubau protestantischer Kirchen. Das änderte sich erst, als die Folgen des Dreißigjährigen Krieges überwunden waren und die Einwohnerzahl wieder anstieg. Die Parochialkirche (1695) in der Klosterstraße 66 zählt mit der Dorotheenstädtischen Kirche (1687) und der Luisenstädtischen Kirche (1695) zu den ersten Neubauten nach der Reformation in Berlin. (Alle drei Kirchenbauten wurden im Zweiten Weltkrieg zerstört, die Parochialkirche wurde als einzige – bis auf die Turmhaube – in der äußeren Form wieder aufgebaut.)

Johann Arnold Nering lieferte 1694 einen für den Berliner Raum einzigartigen Entwurf: einen Zentralbau in Form einer überkuppelten Vierkonchenanlage mit zentralem Turm und Vorhalle nach italienischem und

Parochialkirche, Entwurf Nering   Parochialkirche, Entwurf Grünberg

holländischem Vorbild. Allerdings waren die Berliner Bauhandwerker wohl nicht in der Lage, ein solch kompliziertes Werk auszuführen, denn gebaut wurde – nach dem Tod Nerings – stark vereinfacht nach dem Entwurf von Martin Grünberg: Ohne Zentralturm und Kuppeldächer sowie mit deutlich weniger plastischen Elementen in der Außengestaltung. Trotz dieser Vereinfachung wirkte die Kirche mit ihrer turmgekrönten Vorhalle immer noch monumental und wurde zum Vorbild für weitere Kirchenbauten in Brandenburg.

1713 schenkte König Friedrich I. der Parochialkirche das Glockenspiel, das eigentlich für den Münzturm am Berliner Schloss bestimmt gewesen war. Diesen hatte man jedoch wegen baulicher Mängel, die einen Einsturz befürchten ließen, abgetragen. Der Einbau erfolgte durch Philipp Gerlach, der dem Turmunterbau eine schlanke, obeliskartige Turmspitze aufsetzte. Das Glockengeschoss war offen, von vier Ecksäulen umstanden und mit Skulpturen von Glume, Weyhenmayer und Koch geschmückt. Diese schufen u. a. vier Löwen, die die Turmspitze zu tragen schienen. 1715 wurde das von dem renommierten Erzgießer Johann Jacobi – der auch das berühmte Reiterstandbild des Großen Kurfürsten ausgeführt hatte – gegossene Glockenspiel erstmals gespielt. Der Klang wurde allgemein als miss-

Parochialkirche, 2012

tönend und scheußlich empfunden, sodass es von dem niederländischen Glockengießer Jan Albert de Grave – der auch das bekanntere Carillon in der Potsdamer Garnisonkirche geschaffen hatte – nachgebessert werden musste. Jacobi nahm sich das Ereignis so zu Herzen, dass er bald darauf starb. Die Besonderheit des Glockenspiels war nicht nur, dass die Mechanik imstande war, 18 verschiedene Choräle, passend zum Kirchenjahr, zu spielen, es konnte auch über ein Manual von einem Glockenisten als Musikinstrument eingesetzt werden. Die staunende Berliner Bevölkerung gab ihm die liebevoll-spöttische Bezeichnung »Singuhr«. Alle Viertelstunde spielte die Singuhr einen Choral, das Geläut wurde sogar im Rundfunk übertragen. Die Tradition der untergegangenen Singuhr führt das 1987 auf Kosten von Daimler-Benz im Tiergarten errichtete Carillon weiter.

Am 24. Mai 1944 wurde der komplette obere Teil des Turmes mit dem Glockenspiel zerstört und bis heute nicht wieder aufgebaut. Auch die Kirche brannte bis auf die Umfassungsmauern nieder, sie erhielt 1950/51 ein neues Dach in ursprünglicher Form und der Turmstumpf ein Notdach. Erst 1991 begannen umfangreiche Restaurierungsarbeiten, die bis heute nicht abgeschlossen sind. Bei der Wiederherstellung der Kirche sollen die Kriegszerstörungen im Innenraum erkennbar bleiben, die Kirche wird als

Parochialkirchhof, 2012

Erinnerungsort an den Schrecken des Krieges dienen. Mit großem Einsatz engagiert sich seit einigen Jahren der Berliner Unternehmer und Mäzen Hans Wall für die Rekonstruktion des Turmes und der Singuhr, um dadurch im ältesten Teil Berlins »einen lang vermissten Edelstein zurück in die Stadtkrone« zu setzen.

Die Gruftgewölbe im Kellergeschoss – als älteste erhaltene Teile der Parochialkirche – sind von besonderer Bedeutung und Seltenheit. Sie enthalten Erbbegräbnisse, die seit 1701 hier angelegt wurden. Dieses einmalige sepulkralgeschichtliche Ensemble besteht aus mehreren hundert Bestattungen in historisch und teilweise kunsthistorisch wertvollen Särgen und Sarkophagen aus dem 18. und 19. Jahrhundert. Das besondere Raumklima und die gute Durchlüftung bewirkten einen hervorragenden Erhaltungszustand der Särge und der darin liegenden mumifizierten Toten. Trotz vereinzelter Zerstörungen und Plünderungen ist hier etwas Einzigartiges erhalten geblieben.

Der Kirchhof der Parochialkirche ist mit dem der Sophienkirche der älteste noch erhaltene Kirchhof Berlins. Wegen des sehr begrenzten Begräbnisfeldes wurden sogenannte Seitengewölbe eingerichtet. Trotz der kleinen Fläche sind 5338 Beerdigungen auf dem Feld und 247 in den Ge-

Parochialkirche, Inneres, 2012

wölben dokumentiert. Die Schließung des Friedhofs erfolgte 1854, danach fanden nur noch vereinzelt Begräbnisse statt. Durch den Bau der heutigen Parochialstraße musste ein Teil der Grabflächen abgeräumt werden.

Die eisernen Kreuze und Grabsteine aus dem 19. Jahrhundert sind heute die Schmuckstücke des Friedhofs, wie auch die rückwärtige Mauer mit Epitaphien aus dem frühen 18. Jahrhundert. Zwei größere Mausoleen, deren Rückwand von dieser Mauer gebildet wird, sind erhalten geblieben. Das eine ist heute keiner Familie mehr zuzuordnen, das andere ist das »Erbbegraebnis des Director Brink« aus dem 17. Jahrhundert, welches im 19. Jahrhundert durch einen spätklassizistischen Kapellenbau erweitert wurde. Auch das Grabmal Bock, entworfen von August Stüler, ragt aus der Grabkunst des Friedhofs hervor. Eine Engelsfigur schmückt ein Gemeinschaftsgrab im Zentrum des kleinen Kirchhofs.

Von der Parochialkirche aus folgen wir der Klosterstraße in nördlicher Richtung und erreichen nach gut hundert Metern auf der rechten Seite die Ruine der Klosterkirche.

Graues Kloster, Alchemistenküche und Gymnasium

KLOSTERKIRCHE
Klosterstraße 73, Ecke Grunerstraße 10179 Berlin; U-Bhf. Klosterstraße
Öffnungszeiten: Di – Sa 12 – 18 Uhr
www.klosterruine-berlin.de

Die im Zuge der Kolonisierung und Christianisierung der Bettelorden der Dominikaner und Franziskaner sowie der Zisterzienser und Prämonstratenser gegründeten Klöster, Kirchen, Schulen und Einrichtungen des Hospitalwesens bildeten die Zentren des wirtschaftlichen, sozialen, politischen, wissenschaftlichen und künstlerischen Lebens in der Mark Brandenburg. Klöster im Mittelalter waren nicht nur weltabgewandte Orte religiöser Kontemplation, sondern wichtige Anlaufstelle für die Siedler und Menschen bei der Konfrontation mit Leiden, Sterben und Tod, indem sie soziale und gesundheitliche Aufgaben wahrnahmen. Sie betrieben Landwirtschaft, Heilpflanzen- und Kräuterzucht, kümmerten sich um Kranke, gaben Reisenden Unterkunft, fungierten als Bank und sorgten durch Klosterschulen für Bildungsaufgaben. So gab es bei der Gründung vieler Städte von Anfang an mindestens ein Kloster innerhalb der Stadtmauern. Erst im späten Mittelalter übernahmen die Städte allmählich die weltlichen Funktionen der Klöster und damit auch die Aufgaben der Kranken- und Altenpflege bzw. der Begleitung Sterbender. Je mehr sich die städtischen Strukturen verfestigten, desto stärker sank die Bedeutung der Klöster für diese Aufgaben.

Berlin besaß im Mittelalter drei Pfarrkirchen und zwei Klöster: die Nikolaikirche in Alt-Berlin, die Petrikirche in Alt-Cölln (beide erbaut um 1230), die Marienkirche in der Berliner Neustadt (um 1290) und die Bettelordensklöster der Franziskaner (um 1250) und der Dominikaner (um 1300). Während das Dominikanerkloster, das einst dicht beim Schloss stand, schon seit 1750 völlig verschwunden ist (wie auch die Petrikirche seit 1945), steht die Ruine der Franziskanerkirche auch heute noch an der mittelalterlichen Stadtmauer.

Die Bettelorden hatten einen wichtigen Anteil an der deutschen Besiedlung der Gebiete zwischen Elbe und Oder, besonders die Franziskaner, die den brandenburgischen Markgrafen sehr nahe standen. Das Berliner Franziskanerkloster grenzte direkt an das Hohe Haus (die Stadtresidenz der askanischen Markgrafen) in der Klosterstraße und reichte unmittelbar an die mittelalterliche Stadtmauer heran. Die Franziskanermönche (nach der Farbe ihrer Kutte »Graue Mönche« genannt) lebten nicht in Klausur, ihre Aufgaben waren Predigt, Seelsorge und Krankenpflege. Ihre Räumlichkeiten – das Graue Kloster – dienten ihnen nur als »Basisstation«, die Klosterkirche war Predigtstätte. Von ihrem 1250 aus Feldsteinen errichteten frühgotischen Ursprungsbau sind noch Reste in der nördlichen Mauer der Ruine zu finden. Die heute vor uns stehende dreischiffige Backstein-Basilika wurde bereits 40 Jahre später begonnen, da man für die Predigten mehr Raum benötigte. Das wird auch aus dem Grundriss deutlich, in dem ein dreischiffiges Kirchenschiff für die Gemeinde einem einschiffigen Chor für die Mönche gegenübersteht.

Mit der Reformation in Brandenburg 1540 wurden die geistlichen Orden aufgehoben, womit die Klöster ihre Funktion verloren und vom Landesherrn eingezogen wurden. Im Grauen Kloster wurde den Mönchen noch ein lebenslanges Wohnrecht eingeräumt und so dauerte es 30 Jahre, bis sich eine neue Nutzung etablierte: Ein Teil der Gebäude ging an den Gelehrten und Wunderdoktor des Kurfürsten Johann Georg, Leonhard Thurneysser (geb. 1531 Basel; gest. 1595 Köln), im anderen Teil des Komplexes gründete Johann Georg (1525–1598) eine Lehranstalt.

Thurneysser war eine schillernde Persönlichkeit, ein typischer Renaissance-Mensch. Er machte eine Goldschmiedelehre in Basel, studierte Berg- und Hüttenwesen in Schottland, Portugal und Spanien, reiste durch den Orient und studierte ab 1565 Medizin, Alchemie und Astro-

Klosterkirche, Grundriss

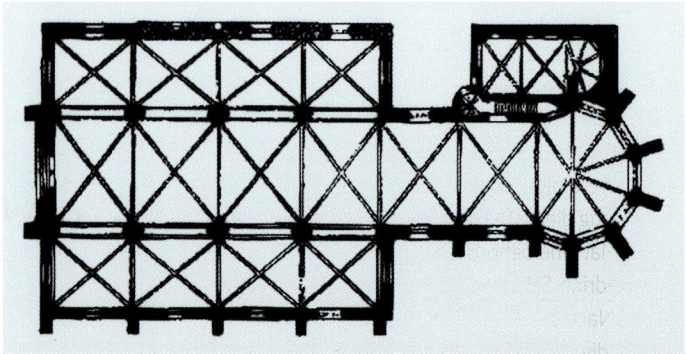

logie. Bei einem Zusammentreffen mit dem Kurfürsten Johann Georg von Brandenburg in Frankfurt an der Oder gelang es ihm, dessen kränkelnde Gemahlin zu heilen und so 1571 kurfürstlicher Leibarzt zu werden. Noch mehr als die Heilung der Gattin entzückte den Herrscher offensichtlich die Lektüre von Thurneyssers Buch über das Wasser: »Dis Wasser der Spree ist etwas grünferbig und lauter. Es führet in seinem Schlick Gold und ein schönes Glasur.« Die Hoffnung auf gewinnträchtige Ergebnisse aus Thurneyssers alchemistischen Experimenten dürfte der Grund für die Überlassung des Grauen Klosters gewesen sein.

Leonhard Thurneysser

Thurneysser gründete 1572/73 im Grauen Kloster eine Buchdruckerei und Schriftgießerei, in welcher er mit deutschen, lateinischen und selbst arabischen Lettern und »vortrefflichen Formen und Zierraten« aller Art arbeitete. In ihrer Blütezeit beschäftigte die Druckerei über 200 Mitarbeiter. Die Verkaufsschlager waren Kalender, welche in verschiedenen Ausgaben erschienen und in ganz Deutschland reichen Absatz fanden. Aber auch auf dem Gebiet der Medizin machte Thurneysser gute Geschäfte: Er produzierte Arzneimittel, Kosmetika und Talismane und bot Ferndiagnosen mittels Urinuntersuchung an. Durch zweifelhafte Heilungen geriet er in den Ruf, ein Scharlatan zu sein. Der Neid der etablierten Mediziner setzte ihn schließlich so heftiger Kritik aus, dass er 1577 Berlin verließ.

Das Gymnasium zum Grauen Kloster ging aus den beiden schon zuvor zusammengelegten Pfarrschulen St. Marien und St. Nikolai hervor. Von 1767 bis 1824 war auch das Cöllnische Gymnasium mit dem Grauen Kloster vereinigt. Es war die höchste Bildungseinrichtung in Berlin und gleichzeitig die erste Landesschule der Mark Brandenburg, hier gab es zum ersten Mal eine behördliche Schulordnung. Berühmte Absolventen waren u. a. Friedrich Schleiermacher, Karl Friedrich Schinkel und Otto von Bismarck. Nach der Zerstörung des Klosterkomplexes 1945 zog das Gymnasium in die Weinmeisterstraße und 1949 in die Niederwallstraße, musste

Graues Kloster, Stahlstich von Würbs

Ruine der Klosterkirche, 2012

aber 1958 auf Weisung der DDR-Behörden seinen Namen ablegen und wurde 1982 aufgelöst. Um die Tradition des Grauen Klosters fortzuführen, gründete die Evangelische Kirche 1963 das Evangelische Gymnasium zum Grauen Kloster in Berlin-Wilmersdorf.

Anders als die Nikolaikirche wurde die zerstörte Klosterkirche als Ruine belassen. Man beseitigte die Reste des Klosters vollständig, auch an der Kirche noch erhaltene Bausubstanz wurde im Zuge der Sicherung der Ruine abgetragen. Der verbliebene, sehr malerische Rest der Kirche erhielt eine (unhistorische) Fußbodenpflasterung und sollte eigentlich kulturellen Zwecken dienen, steht aber meist leer. Zur Romantik des Ortes tragen die nach Gebäudeabbrüchen freigelegten Reste der mittelalterlichen Stadtmauer und die wiederaufgebaute älteste Gaststätte Berlins »Zur letzten Instanz« bei.

> Am nördlichen Ende der Klosterstraße biegen wir links in die Grunerstraße ein und folgen dieser bis zur großen Kreuzung. Wir biegen rechts in die Spandauer Straße ein und passieren das Rote Rathaus und den Neptunbrunnen. Wir biegen rechts in die Karl-Liebknecht-Straße ab, die zur Marienkirche führt.

Sühnekreuz und Totentanz

MARIENKIRCHE
Karl-Liebknecht-Straße 8, 10178 Berlin; S-Bhf. Alexanderplatz
Öffnungszeiten: täglich 10–18 Uhr
www.marienkirche-berlin.de

In ihrem Beitrag »Spirituelle Dimensionen ärztlichen Handelns« schreibt die Berliner Neurologin Henriette Krug: »Es gab eine Zeit, da gehörte der Arzt unhinterfragt zum geistlichen Stand. Als ein Beispiel sei die Abbildung des Arztes in der spätmittelalterlichen Totentanzdarstellung der Berliner St. Marienkirche am Alexanderplatz angeführt: der Arzt erscheint hier in einer Reihe mit Bischof und Domherr zwischen Kartäuser und Mönch. Hintergrund ist der, dass im Mittelalter ärztliche Fürsorge zu weiten Teilen in kirchlichen

Marienkirche, 2012

Einrichtungen wie Hospitälern und Kirchen zu erfahren war. Die Bevölkerung nahm ärztliches Handeln vornehmlich als kirchliches Wirken wahr. Eine enge Verknüpfung von Glaube und Heilung und damit gegebene selbstverständliche Anerkennung einer spirituellen Dimension ärztlichen Handelns findet sich bereits in der Antike. Sie hielt bis in das 17. Jahrhundert: Mit dem Aufkommen der modernen Naturwissenschaften vollzog sich eine Trennung in Richtung eines Alleinanspruchs auf Heilung durch die moderne naturwissenschaftlich fundierte Medizin.« (Aus: Ulrich H. J. Körtner u. a.: *Spiritualität, Religion und Kultur am Krankenbett*. Wien/New York 2009)

Als zweite Pfarrkirche des mittelalterlichen Berlin errichtete man 1292 die Marienkirche am »Neuen Markt«, dem Zentrum der Berliner Neustadt. Über einem Fundament aus Granit-Findlingen entstand eine Hallenkirche aus roten Ziegeln im Stil der märkischen Backsteingotik. Der Unterbau des Turms dagegen besteht aus grauem Rüdersdorfer Muschelkalk. Nach einem Brand erneuerte Michael Mathias Smids von 1663 bis 1666 den Turmaufbau im Barockstil. 1789/90 erfolgte eine weitere Umgestaltung durch Carl Gotthard Langhans, diesmal in neugotischem Stil, der damit zum ersten Mal außerhalb Englands auf dem Festland verwendet wurde.

Nach der Schließung der Nikolaikirche (1938 wegen Restaurierungs-arbeiten, für Gottesdienste wurde sie nie wieder eröffnet) ist die Marienkirche die älteste Predigtstätte Berlins. Im historischen Zentrum ist sie eine der wenigen Kirchen, die nach dem Zweiten Weltkrieg noch für den Gottesdienst genutzt werden. Bedeutende kirchliche Ereignisse, ökumenische Gottesdienste und kirchenmusikalische Veranstaltungen finden hier regelmäßig statt.

Während die Marienkirche bis 1945 noch den eng bebauten Stadt-raum am Neuen Markt beherrschte, steht sie nach Kriegszerstörungen und großflächiger Umgestaltung des Berliner Stadtkerns nun als Solitär auf einer riesigen Freifläche, die von vielgeschossigen Neubauten umgeben ist und von dem 1969 eröffneten Fernsehturm dominiert wird. Durch den Verlust sämtlicher Altbauten und des noch aus dem Mittelalter stam-menden Stadtgrundrisses in ihrer Umgebung sind die Marienkirche und das Rote Rathaus hier die letzten Relikte des historischen Stadtkerns von Berlin.

Das Sühnekreuz

Nach dem Aussterben der brandenburgischen Askanier im Jahre 1320 übertrug Kaiser Ludwig IV. aus dem Hause Wittelsbach die Mark an seinen ältesten Sohn Ludwig den Brandenburger. Unter den wittelsbachischen Markgrafen war Brandenburg von Spannungen und Unruhen erfüllt. Propst Nikolaus von Bernau trat als Parteigänger des Papstes gegen den Kaiser auf und verpflichtete 1325 auf dem Neuen Markt die Berliner und Cöllner Bürger zu un-bedingtem Gehorsam gegenüber dem Klerus. Darauf erschlugen und verbrannten ihn die aufgebrachten Bürger an derselben Stelle, was ein vom Papst verhängtes zehnjähriges Interdikt über die Stadt zur Folge hatte. Zur Lösung vom Bann ver-langten die kirchlichen Unterhänd-

Sühnekreuz vor der Marienkirche, 2012

ler die Aufstellung eines Sühnekreuzes vor der Marienkirche. Dem kamen die Bürger, wenn auch nur widerwillig, nach und errichteten das (sehr kleine) Kreuz, welches noch heute am Portal der Kirche zu finden ist.

Der Totentanz

Eines der bedeutendsten erhaltenen mittelalterlichen Kunstwerke Berlins ist der in Seccotechnik gemalte »Totentanz«, ein Wandbild in der Turmhalle der Kirche. Das 22,6 Meter lange und zwei Meter hohe Band zeigt einen Reigen aus geistlichen und weltlichen Ständevertretern, die eine Art Pavane mit jeweils einer Todesgestalt tanzen. Die Darstellung geht auf Vorbilder früher entstandener Totentänze in Lübeck und Hamburg zurück. Zu dem Entstehungsjahr des Bildes gibt es leider keine schriftliche Überlieferung, jedoch legen die Thematik, die Inschriften und andere wissenschaftliche Rückschlüsse eine Datierung des Totentanzes in den Umkreis des Pestjahres 1484 nahe.

Die Besonderheit der Darstellung liegt in ihrer Anordnung, die sich als Band, mehrmals die Richtung wechselnd, vom Westeingang über den Pfeiler, die Westwand und die Nordwand fast bis in die Kirche hinein zieht. Die geistlichen und weltlichen Ständevertreter werden durch eine Kreuzigungsszene, welche das Zentrum der Darstellung bildet, getrennt. Die dazugehörigen Textverse stellen die älteste Berliner Dichtung dar. In den Versen beklagen die Ständevertreter ihr Leid und bitten den Tod um Aufschub. Die Verse sind in der Sprache des kleinen Mannes gehalten und zeugen von einem franziskanisch geprägten Weltbild, welches sich z. B. in der Trennung von geistlichen und weltlichen Ständevertretern niederschlägt. Der Reigen selbst wird von einem predigenden Franziskaner eröffnet – daher vermutet man als Künstler des vom Berliner Bürgertum in Auftrag gegebenen Wandbildes einen Franziskanermönch. Das Graue Kloster der Franziskaner in Berlin liegt nicht weit von der Marienkirche entfernt, zur mutmaßlichen Entstehungszeit des Totentanzes fanden auch dort gerade Bau- und Verschönerungsarbeiten statt.

Vermutlich nach Einführung der Reformation in Berlin wurde das Wandbild übertüncht und erst 1860 zufällig vom preußischen Baurat August Stüler bei einer Bauuntersuchung aufgrund der aufsteigenden Feuchtigkeit im Mauerwerk wieder entdeckt. Leider befindet es sich in keinem guten Zustand. Die Feuchtigkeit hatte im Verlauf der vorangegangenen

Totentanz in der Marienkirche, 3D-Rekonstruktion

Jahrhunderte erhebliche Mengen bauschädlicher Salze in das Mauerwerk transportiert, die das Gemälde zersetzten. Dieser Prozess konnte zwar durch ein 1988 installiertes System zur elektrochemischen Entsalzung des Mauerwerkes gestoppt werden, das Kunstwerk harrt jedoch noch immer einer umfassenden Sanierung.

Unbedingt sehenswert im Kirchenschiff ist die barocke Alabasterkanzel von Andreas Schlüter, die der bedeutendste Künstler des norddeutschen Barock 1702/03 geschaffen hat und die eines der wenigen vollständig erhaltenen Werke des Meisters ist. Es gelang ihm meisterhaft, der in den gotischen Pfeiler eingefügten Kanzel ihre Schwere zu nehmen, sodass sie gleichsam zu schweben scheint.

Nicht weit von der Marienkirche entfernt liegt die Heilig-Geist-Kapelle. Wir folgen der Karl-Liebknecht-Straße gut hundert Meter in westlicher Richtung und biegen dann rechts in die Spandauer Straße ein. Nach weiteren hundert Metern erreichen wir auf der linken Seite die Heilig-Geist-Kapelle.

Sankt Spiritus, Haus der Armen und Kranken

HEILIG-GEIST-KAPELLE

Spandauer Straße 1, 10178 Berlin; S-Bhf. Hackescher Markt

Öffnungszeiten: Do 12–13 Uhr

Hospital oder Hospitium war im Mittelalter der Name von kirchlichen oder klösterlichen Herbergen für Pilger (Pilgerherberge), Bedürftige (Armenhaus), Fremde (Asyl, Hotel) oder Kranke bzw. Sterbende. Es gab wohl schon im 4. und 5. Jahrhundert n. Chr. in Syrien Gasthäuser, Xenodochions, die sich der Betreuung Kranker und Sterbender widmeten, wobei die Pflege der Sterbenden ganz im Vordergrund stand. Am bekanntesten ist das von der römischen Patriziersfrau Fabiola im frühchristlichen Rom am Ende des 4. Jahrhunderts gegründete Hospiz zur Pflege von aus Afrika heimkehrenden siechen Pilgern, das als ein erster Vorläufer eines Krankenhauses angesehen werden kann. Allerdings wurde erst mit den Anfängen der modernen Medizin im 18. Jahrhundert deutlicher zwischen Krankenhäusern, in denen ausschließlich Kranke behandelt wurden, und hospizlichen Einrichtungen zur Betreuung Sterbender unterschieden.

Die Hospizidee ist ähnlich alt wie der palliative Ansatz in der Medizin. Viele Hospize entstanden entlang der Pilgerstraßen. Besonders im 11. Jahrhundert fanden viele Pilgerreisen ins Heilige Land statt, im Rahmen der Kreuzzüge kam es zur Gründung verschiedener Orden: des Lazarus-Ordens, der Johanniter (auch Malteser oder Hospitaliter genannt), des Deutschen Ordens, durch die zahlreiche Hospize und Hospitäler eingerichtet wurden, u. a. das »Hospital von Rhodos«, das als die erste Einrichtung gilt, in der ausschließlich die Pflege und Sterbebetreuung von Menschen mit unheilbaren Erkrankungen und Verletzungen erfolgte. Reste dieses »Krankenhauses« sind heute noch zu besichtigen. Auch in anderen Kulturkreisen wurden im 1. Jahrtausend n. Chr. Hospitäler gegründet, so in China, Japan und Indien. Erst allmählich entwickelte sich der Gedanke, dass in den Gasthäusern, Hospitälern bzw. Hospizen auch Krankheiten und Verletzungen behandelt werden könnten, auch in den westlichen und nördlichen Regionen Europas.

Als eine der ältesten Berliner Stiftungen wurde das Heilig-Geist-Spital erstmals 1272 in einem Gildebrief der Bäcker erwähnt, nach welchem »die Armenhöfe Sankt Spiritus und Sankt Georg stets mit gutem Brote versorgt werden sollten«. 1288 wird die Einrichtung auch im Privilegium des Gewerkes der Schneider erwähnt, wonach »jeder in das Schneiderhandwerk Eintretende je eineinhalb Pfund Kerzenwachs an die beiden Spitäler zu entrichten« hatte. Das an der Spandauer Straße, unweit des Spandauer Tores gelegene Spital bestand aus einem Haus für Arme und Kranke, dem Wohnhaus für die Mitarbeiter, dem Prediger- und Küsterhaus, der heute einzig erhaltenen Kapelle, einer Klause und einem großen Garten. Es war eins der drei mittelalterlichen Spitäler Berlins – neben dem Gertraudenhospital und dem Georgenhospital – die sich speziell um Arme, Kranke und Hilfsbedürftige kümmerten. Aber auch Pilgern bot man Unterkunft und Verpflegung. Die älteste erhaltene Schenkungsurkunde an das Spital stammt aus dem Jahre 1313, aus ihr geht hervor, dass im Spital 16 alte Männer und 17 Frauen unterhalten wurden. Der Rat der Stadt Berlin ließ um 1400 in den Räumlichkeiten des Spitals seine Ackergeräte, Wagen und Pferde versorgen. Im Mittelalter war das Heilig-Geist-Spital neben der St. Marienkirche einer der beiden Ausgangspunkte des Pilgerwegs von Berlin nach Wilsnack, wodurch es weit über Berlin hinaus bekannt war – auch weil hier »ein gutes und starkes Bier gebrauet« wurde. Das Spitalgebäude wurde 1825 durch einen zweigeschossigen Neubau ersetzt, der 1905 dem heute hier stehenden Hochschulgebäude weichen musste.

Kapelle

Die zum Spital gehörige Heilig-Geist-Kapelle wurde etwa um 1300 errichtet und ist eines der ältesten erhaltenen Gebäude Berlins. Die 1313 erstmals in einer Schenkungsurkunde des Ritters Burghard Grevelhout erwähnte Kapelle ist ein eingeschossiger roter Backsteinbau auf einem Feldsteinsockel, einschiffig mit einer inneren Länge von 16,80 Metern und 9,40 Metern Breite. Drei hohe Fenster mit Maß- und Stabwerk lassen von der Ostseite Licht in den Andachtsraum, die Südseite erhielt beim Einzug der Gewölbe ihre drei großen Fenster. 1476 erbaute man einen Dachturm mit schlankem Spitzhelm, der 1816 allerdings verlorenging. Um 1520 entfernte man die flache Decke und ersetzte sie durch das heutige Sterngewölbe, das auf skulptierten Wandkonsolen ruht, die Tiere und Männer mit Büchern darstellen. Um 1600, nach Durchsetzung der Reformation, kamen hölzerne Emporen hinzu, die sich rings um das Schiff zogen. Von 1655 bis zum Bau der Garnisonkirche 1703 nutzte die Berliner Garnison

Heilig-Geist-Kapelle, 2012

die Kapelle, anschließend wurden hier bis 1905 katholische Gottesdienste gehalten. Als der Neubau der Handelsschule der Berliner Kaufmannschaft an die Stelle des Heilig-Geist-Spitals trat, sollte auch die Kapelle abgerissen werden. Nach heftigen Protesten entschloss man sich 1906, sie als Hörsaal in den Hochschulkomplex einzugliedern, wobei die Emporen und die Kirchenausstattung entfernt wurden. Der Altar und die Bilder kamen ins damalige Deutsche Museum auf der Museumsinsel. Zu DDR-Zeiten ging die Handelsschule in der Wirtschaftswissenschaftlichen Fakultät der Humboldt-Universität zu Berlin auf, die Kapelle diente nun als Mensa.

Im Zweiten Weltkrieg unbeschädigt geblieben, wurde die Kapelle erstmals 1978/79 gründlich saniert. Bei der erneuten Restaurierung im Jahre 2005 kamen die Reste der historischen Malereien im Inneren unter Putzschichten zutage. Auch schönes Maß- und Stabwerk sowie alte Fensterleibungen wurden freigelegt, außerdem erhielt die Kapelle ihre kirchliche Ausstattung zurück. Am inneren Eingang wurde in die Wand eine Grabplatte eingelassen, die Inschriften, ein Wappen und die Jahreszahl 1313 trägt. Der alte Fußboden mit seinen historischen Ziegelplatten ist nach den Restaurierungsarbeiten wieder sichtbar geworden. Moderne technische Einbauten wie Heizung, Audio- und Video-Präsentationsmöglichkei-

Heilig-Geist-Kapelle, Inneres, 2012

ten wurden behutsam der Wirkung des Baukörpers untergeordnet. Die Heilig-Geist-Kapelle dient nun als Festsaal der Humboldt-Universität für besondere Anlässe.

Ausgrabungen

Bei Rettungsgrabungen des Landesdenkmalamtes Berlin 1995–98 wurden Teile der Fundamente und des mittelalterlichen bis frühneuzeitlichen Friedhofes des »Hospizes zum Heiligen Geist«, Spandauer Straße 1–3, untersucht und etwa 500 Bestattungen geborgen. Entlang der ehemaligen Heiliggeistgasse waren Fundamente der Kirchhofsmauer und des Portals neben einer Tiefgaragenzufahrt sichtbar erhalten. Die Fundamentierung war nach 1600 auf Gräbern errichtet worden. Südlich dieser Begrenzung des Friedhofareals befanden sich weitere, auch unter der Heiliggeistgasse liegende Bestattungen. Bei einer nachgewiesenen Belegungsdauer von der Mitte des 14. bis zur Mitte des 17. Jahrhunderts wird derzeit nach frühgotischen, spätgotischen, renaissance- und barockzeitlichen Horizonten unterschieden. Hinweise auf noch ältere Bestattungen (vor 1350) ließen sich im Umfeld der Kapelle nicht feststellen.

Ungefähr 200 Bestattungen in Originallage konnten aufgedeckt werden, die Skelette waren von West-Ost bis Südwest-Nordost ausgerichtet. Es gab bis zu fünf übereinander liegende Bestattungen, in bis zu drei Meter Tiefe gelegen. Neben Einzelbestattungen kamen Doppel-, Mehrfach-, Gruppen- und Massenbestattungen vor. Letztere werden als Seuchenbestattungen (wahrscheinlich der Pestepidemien des 14. und 17. Jahrhunderts) angesehen.

> Nächstes Ziel des Spaziergangs ist der am Lustgarten gelegene Berliner Dom. Wir folgen der Spandauer Straße in nördlicher Richtung und biegen links in die Anna-Louisa-Karsch-Straße ein. Der Straße folgend überqueren wir die Brücke über die Spree, von der aus linkerhand schon der Berliner Dom zu sehen ist.

Verschollene Zollern

BERLINER DOM
Mo – Sa 9 – 20 Uhr, So, Feiertage 12 – 20 Uhr
Vom 1. Oktober bis 31. März nur bis 19 Uhr geöffnet.
Keine Besichtigung während der Gottesdienste oder Veranstaltungen.
www.berlinerdom.de

Am 1. Dezember 1911 hatte das am meisten gespielte und bekannteste deutschsprachige Theaterstück, in dem Tod und Sterben zum Thema gemacht werden, in einer Inszenierung von Max Reinhardt in Berlin Premiere: Hugo von Hofmannsthals »Jedermann. Das Spiel vom Sterben des reichen Mannes«. Es gibt kaum ein Stück in dem das »Memento mori« so deutlich wird wie hier. Der Aufführungsort damals war der riesige Zirkus Schumann mit 5000 Plätzen an der Friedrichstraße bzw. Schiffbauerdamm in einer umgebauten Markthalle. Der Zirkus wurde später zum gigantischen Deutschen Schauspielhaus umgebaut, dem Max Reinhardt bis zu seiner Emigration im Jahre 1937 vorstand. Max Reinhardt war es auch, der Hugo von Hofmannsthal anregte, dieses Stück zu schreiben, das in Tradition spätmittelalterlicher Mysterienspiele den Tod auf die Bühne des Lebens bringt und mit allegorischen Bezügen in der Gewissheit der Vergänglichkeit die Frage nach dem Sinn am Lebensende stellt: Jedermann ist vor dem Tode gleich. Die spielerische Auseinandersetzung mit dem Tod ist auch vor einem autobiographischen Hintergrund zu sehen. Den erfolgreichen Schriftsteller plagten Anfang des 20. Jahrhunderts durchaus Selbstzweifel im Bewusstsein der Unausweichlichkeit des Todes und der Lust des Lebens: »Es ist eine wütende Qual: Ich bin da, ich einzelnes Leben, und da ist die Welt, funkelt herauf durch die Stämme, Tal an Tal. Nicht auszuschöpfen! Und ich, ich schwinde hin, ich bin schon halb dahin!« Er schrieb das »Mysterienspiel« auch in der Erfahrung mit dem Tod seiner Mutter im Jahre 1904, dem Jahr, in dem Hofmannsthal auch Max Reinhardt begegnete: »Ich muß doch im Stande gewesen sein zu verstehen, was ihre Augen vor dem Sterben sagen wollten. – Wenn ich es nicht verstanden habe – für was leben wir denn dann – für was haben wir dann Augen im Kopf und einen Mund und eine Zunge und ein Gehirn und Gedanken und Gefühle?« Hugo von Hofmannsthal begründete zusammen mit Max Reinhardt die Salzburger Festspiele. Er starb am 15. Juli 1929 an einem Schlaganfall, als er zu Beerdigung seines Sohnes aufbrechen wollte, der sich zwei Tage zuvor erschossen hatte. Max Reinhardt starb 1943 in New York an einer Lungenentzündung nach mehreren Schlaganfällen. Beide Namen sind eng verbunden mit dem Weltruhm, den der »Jedermann« seit 100 Jahren erlangt hat – auch wenn das Stück literarisch wenig überzeugt, ergreift es doch. Seit 1987 wird der »Jedermann« auch in Berlin wieder jährlich aufgeführt, seit 1993 im Oktober an einem besonders dafür geeigneten Ort: dem Berliner Dom.

Die Hohenzollerngruft im Berliner Dom

Berlin besitzt keinen »echten« Dom aus alter Zeit, denn mit Dom (oder auch Kathedrale) wird der Sitz eines Bischofs oder Erzbischofs bezeichnet; Berlin war jedoch im Mittelalter kein Bischofssitz. Die drei historischen Bistümer der Mark Brandenburg waren Brandenburg an der Havel, Havelberg und Lebus. Dennoch existiert die Bezeichnung »Domkirche« in Berlin seit 1450: Sie taucht mit der Erhebung Berlins zur Residenzstadt der Hohenzollern auf. Da der Landesherr rechtlich als summus episcopus (oberster Bischof) galt, war es für ihn legitim, die im Schloss gelegene (Erasmus-)Kapelle als Domkirche zu bezeichnen.

Aufgrund ihrer limitierten Größe befriedigte sie jedoch das Repräsentationsbedürfnis der Hohenzollernherrscher nicht, deshalb bestimmte

Kurfürst Joachim II. – mitten in der Krise des Mönchtums und kurz vor der Reformation – die direkt am Schloss gelegene Klosterkirche der Dominikaner zum neuen Dom. Die nur noch zu sechst im Kloster verbliebenen Mönche mussten nach Brandenburg ins dortige verlassene Paulikloster umziehen, das demselben Orden angehörte. Wenig später schloss sich auch der Herrscher der Reformation an, was in der Folge zur völligen Aufhebung aller Klöster führte. Um die historische Kontinuität des Hohenzollerngeschlechts zu verdeutlichen, legte Joachim im Innern der Dominikanerkirche eine fürstliche Grablege an. (Im mittelalterlichen Deutschland gab es noch keine »Hauptstädte« im modernen Sinn, deshalb ließen sich die Herrscher bis dato in ihnen nahestehenden Kirchen oder Klöstern des Landes begraben. In der Mark Brandenburg waren das die von den Landesherren gegründeten Klöster Lehnin und Chorin). Joachim II. verlegte einige Gräber aus den beiden Klosterkirchen in die neue Domkirche, darunter – aus Lehnin – dasjenige des Kurfürsten Johann Cicero (1455–1499) mit seiner aufwändigen Grabplatte aus der Werkstatt des Nürnberger Erzgießers Peter Vischer. Die Kirche bekam zwei barocke Türme und wurde im Innern prunkvoll ausgestattet. Außerdem erhob man sie anstelle der Petrikirche zur Hauptkirche der Teilstadt Cölln. Das noch aus dem Mit-

Erasmuskapelle im Berliner Schloss

telalter stammende – 1297 erstmals erwähnte – Gebäude erwies sich aber bald als baufällig und der hohe Grundwasserstand bedrohte die kurfürstlichen Leichname. Deshalb entschloss man sich unter der Herrschaft Friedrichs des Großen zu einem Neubau im Lustgarten des Schlosses und zum Abriss des alten Domes.

Dominikanerkirche

Entsprechend der Sparsamkeit des Herrschers und seiner Indifferenz gegenüber jeglicher Religion fiel der von Jan Boumann errichtete neue Dom außerordentlich bescheiden aus. Trotzdem übertrug man auch die Hohenzollerngrablege aus dem Dominikanerkloster in den Neubau. Zu spät – erst bei der Systematisierung der Gräber – stellte man fest, dass die Sarkophage von Joachim I. (1499–1535) und Joachim II. (1535–1571) fehlten. Zu diesem Zeitpunkt war die alte Kirche bereits eingeebnet. Angesichts der gewachsenen Bedeutung Preußens erschien Friedrichs Nachfolgern das schlichte Aussehen des Domes beklagenswert, die Auseinandersetzungen mit Napoleon und die misslichen Finanzen des Staates nach der Niederlage von 1806 ließen aber zunächst keine Abhilfe zu.

Nach dem Ende der Befreiungskriege sollte Karl Friedrich Schinkels Umbau im Auftrag Friedrich Wilhelms III. den Boumannschen Dom »monumentalisieren«, was angesichts der bescheidenen Dimensionen des Bauwerks nicht gelingen konnte. Deshalb verfolgte Friedrich Wilhelm IV. wieder Pläne für einen Neubau. Die Hohenzollerngrablege sollte bei diesem Projekt in einem monumentalen »Campo Santo« unterkommen. Doch die politischen Zeitläufte – die Revolution von 1848 und später die Bismarckschen Kriege zur Herbeiführung des deutschen Nationalstaats – verhinderten die Ausführung. So wurde der Neubau eines Berliner Domes erst unter Kaiser Wilhelm II. in Angriff genommen und Julius Raschdorff, Professor an der Berliner Technischen Hochschule, mit der Projektierung des Riesenbaus beauftragt.

Der zwischen 1894 und 1905 entstandene »wilhelminische« Dom spiegelt den Zeitgeist seiner Epoche, der Gründerzeit, eindrücklich wider.

Boumann-Dom

Nach dem Abriss des Schinkelschen Domes erhob er sich auf einem hypertrophen Grundriss von 114 x 73 Meter zu einer Höhe von 116 Metern. Die 33 Meter im Durchmesser aufweisende Kuppel erinnert an die (katholische) Peterskirche in Rom, obwohl der Herrscher doch den Leitbau des Protestantismus in Deutschland erschaffen wollte. Unprotestantisch ist auch das prunkvolle Innere mit vergoldeten Stuckaturen, bunten Fenstern, einer Kaiserloge und einem marmornen »kaiserlichen Treppenhaus«. Ein nördlicher Anbau – die sogenannte Denkmalkirche – sollte die Hohenzollern-Dynastie glorifizieren und nahm einige Prunk-Epitaphien auf. Zugunsten einer möglichst vollständigen Aufstellung aller Hohenzollern-Särge in der Gruft hatte man eine Suchgrabung nach den »vergessenen« Renaissancegräbern auf dem ehemaligen Gelände des Dominikanerklosters vorgenommen, jedoch erfolglos.

Die Bomben des Zweiten Weltkriegs zerstörten das historische Zentrum Berlins und beschädigten auch den Dom schwer. Nach der Gründung der DDR wünschten die neuen Machthaber dringend einen Aufmarschplatz für die »revolutionären Volksmassen« im Zentrum Berlins und fassten dafür das Gelände des Doms ins Auge. Da man aber zu dieser Zeit noch nicht abschätzen konnte, wie die Reaktion religiös gebundener Bürger auf den

Schinkel-Dom

Abriss des Berliner Wahrzeichens ausfallen würde, wurde – auf Weisung Walter Ulbrichts – anstatt des Doms das Berliner Schloss abgerissen und der Aufmarschplatz (eine öde Fläche mit einer Tribüne für die Mächtigen) an dieser Stelle angelegt. Der Dom wurde aus Mitteln der evangelischen Kirche (Gesamt-)Deutschlands wieder aufgebaut, wobei man die aufgerissene Kuppel bis 1953 wieder schließen konnte. 1975 ging man an die Restaurierung des Außenbaus, die aber erst einmal einen weiteren Verlust an originaler Bausubstanz brachte: Die im Krieg unbeschädigt gebliebene Denkmalkirche – ein wie eine Apsis gestalteter Anbau an der Kirche – riss man wegen ihres Bezugs zu den »feudalistischen« Hohenzollern ab. Alle Sarkophage (teilweise in zertrümmertem und verbranntem Zustand) kamen in die wiederhergestellte Gruft unter der Kirche.

Die Wiedereröffnung des Doms 1993 fiel dann schon in die Zeit der deutschen Wiedervereinigung. Die künstlerisch wertvollsten Grabmäler (der Große Kurfürst und seine Gemahlin, von Döbler und Friedrich I., König in Preußen mit Gemahlin, von Andreas Schlüter) hatte man jetzt im Innern der Predigtkirche aufgestellt. Seitdem wurde die Restaurierung fort-

41

Berliner Dom, 2012

gesetzt, neue Buntglasfenster eingesetzt und die Sarkophage in der Hohenzollerngruft restauriert. Anlässlich der archäologischen Untersuchung
des Schlossareals vor dem Neuaufbau des Schlosses als Humboldt-Forum
ergab sich noch einmal die Möglichkeit, auf dem Gelände des Dominikanerklosters nach den verschollenen Särgen der Hohenzollern zu for-
schen – leider auch diesmal vergeblich. Doch auch ohne diese (und die der
»prominenten« Hohenzollernkönige, die in anderen Mausoleen ruhen) ist
die Hohenzollerngruft mit ihren ca. 100 Gräbern aus fünf Jahrhunderten
ein sehr eindrucksvolles Monument menschlicher Vergänglichkeit.

Vom Berliner Dom aus gehen wir in nordwestlicher Richtung die
Straße Am Kupfergraben entlang, bis uns der Weg rechts über
die Ebertbrücke in die Tucholskystraße führt. Nach etwa 150 Metern
biegen wir rechts in die Oranienburger Straße ab, passieren die Neue
Synagoge und biegen links in die Krausnickstraße ein, an deren Ende
die Sophienkirche steht.

Ein barocker Kirchhof in Mitte

SOPHIENKIRCHE

Große Hamburger Straße 31, 10115 Berlin; S-Bhf. Hackescher Markt
Öffnungszeiten: von Mai bis September: Mi 15–18 Uhr, Sa 15–17 Uhr

Bis zum Beginn des 19. Jahrhunderts gab es neben einigen Militärfriedhöfen wie überall auch in Berlin nur kirchliche Friedhöfe. Die Kirchhöfe des Mittelalters waren Wiesenflächen mit nur wenigen Grabsteinen. Grabpflege und Friedhofsgestaltung im heutigen Sinne gab es nicht.

Im frühen Mittelalter fanden auf vielen Kirchhöfen auch Märkte und Feste statt. Die Flächen wurden zum Wäschetrocknen, als Viehweiden, als Arbeitsflächen für Handwerker und als Schankgärten verpachtet. Erst im Zuge der Stadtgründungen des 13. Jahrhunderts wurden die Marktplätze zu Zentren des sozialen Lebens.

Im Zuge der Aufklärung und der beginnenden Hygienediskussion gab es Veränderungen, da gesundheitsgefährdende Folgen der Verwesungsgerüche, der »mephitischen Dünste«, befürchtet wurden. Die Neuanlage von Friedhöfen innerhalb der Stadtmauern des damaligen Berlins wurde durch Friedrich Wilhelm I. und Friedrich II. verboten. Das Allgemeine Landrecht für die Preußischen Staaten von 1794 hatte am Wandel des Friedhofswesens weitreichenden Anteil. Es legte für alle Gemeinden fest, dass »in den Kirchen und in bewohnten Gegenden der Städte keine Leichen beerdigt werden sollten«. Und es regelte die Rechte und Pflichten der Kirchen und des Staates bei der Anlage und der Unterhaltung von Bestattungsplätzen. Damit wurde den Kirchen das lukrative Bestattungsmonopol entzogen, was seitens des Klerus zu heftigen Protesten mit der Sorge um den Verlust der »Gruftgelder« führte.

Jahrhundertelang gehörten Tod und Bestattung zur Domäne der Kirchen. Bis in die Neuzeit hinein waren die Muster der Trauerkultur vom christlichen Glauben und kirchlichen Institutionen geprägt. Das Christentum hatte die Toten in das Zentrum der Städte geholt, weil es der christliche Glaube erstrebenswert erscheinen ließ, bei Reliquien bestattet zu werden. Kirche und Kirchhof waren zum klassischen Ort christlicher Bestattung geworden – entweder als privilegierte Grabstätte im oder direkt am Gotteshaus, zumindest aber auf dem umliegenden Kirchhof. Säkularisierungstendenzen, die sich in verschiedenen gesellschaftlichen Bereichen bemerkbar machten, führten zu Entwicklungen, die auf eine im engeren Sinn »weltliche« Bestattungskultur zielten. Den Anfang bildeten im Umfeld von Aufklärung und Französischer Revolution freidenkerische Bewegungen, die seit Mitte des 19. Jahrhunderts auch in Deutschland entstanden.

Die Sophienkirche entstand als Pfarrkirche der sich seit Ende des 17. Jahrhunderts nördlich von Berlin-Mitte entwickelnden Spandauer Vorstadt (heute unweit der Hackeschen Höfe). Deren Bewohner hatten sich an Königin Sophie Luise, die dritte Frau Friedrichs I., gewandt, die daraufhin das Geld für den Bau des Gotteshauses stiftete. Es wurde 1713 von dem Barockbaumeister Philipp Gerlach erbaut und erhielt seinen Turm 1732–34 durch den Turmbaumeister Johann Friedrich Grael. Dieser einzige erhalten gebliebene barocke Kirchturm Berlins ist von verputzten Flächen und Gliederungselementen aus Sandstein geprägt. Die oberen Geschosse sind zweifach zurückgesetzt, mit Halbsäulen gegliedert und mit einer lebhaft geschweiften Haube abgeschlossen. Der Turm der Sophienkirche gilt als der schönste des Berliner Barock. Eine Pilasterarchitektur umrahmt das Hauptportal des Turms.

Da die Sophienkirche für die Zeit des Neubaus des Berliner Doms als Hofkirche vorgesehen war, gestaltete man sie 1892 nach Entwürfen von Friedrich Schulze-Naumburg und dem Architekturbüro Kyllmann & Heyden im neobarocken Stil aufwändig um. Dabei wurde das Kirchenschiff durch eine gewölbte Apsis mit Emporentreppen verkürzt, der hölzerne Dachstuhl durch einen eisernen ersetzt, die Decke höher gelegt und eine Sakristei angebaut. Man umgab das Ensemble mit einer gründerzeitlichen Wohnanlage und legte einen repräsentativen Zugang in der Großen Hamburger Straße an.

Der Kirchhof

Die Kirche ist als einzige in Mitte noch von ihrem originalen Kirchhof umgeben, der von 1713 bis 1853 belegt wurde. Danach verboten die Gesetze die Anlage und den Betrieb von Friedhöfen innerhalb der damaligen Stadtgrenzen. Der sehr stimmungsvolle Kirchhof bewahrt neben einer Reihe von Gräbern aus den letzten Tagen des Zweiten Weltkriegs einige für die Berliner Kunst- und Kulturgeschichte bedeutende Grab- und Erinnerungsmale berühmter Berliner: In die Außenmauer der Kirche ist an der Sakristei die Erinnerungstafel für den Dichter Karl Wilhelm Ramler – ein schönes

Sophienkirche, 2012

Beispiel einer frühklassizistischen Schriftplatte – sowie an der Nordwand diejenige für die Dichterin Anna Luise Karsch eingefügt. Zwei berühmte Berliner liegen auf dem eigentlichen Kirchhof: Der zweite Direktor der Sing-Akademie zu Berlin und Gründer des ersten deutschen Männerchores, Carl Friedrich Zelter, ein gelernter Maurer, der das Berliner Musikleben begründete und engen Kontakt mit Goethe pflegte, sowie der Historiker Leopold von Ranke, einer der Väter der modernen Geschichtswissenschaft. Auch bedeutende Urnengrabmale befinden sich hier, unter anderem für Johann August Buchholtz (1706–1793), den Schatzmeister Friedrichs des Großen, dessen Grabmal die sich in den Schwanz beißende Schlange als Ewigkeitssymbol zeigt. Sehr interessant ist auch der Grabstein für den Schiffsbaumeister und Stiftungsgründer Friedrich Johann Koepjohann (gest. 1792) und seine Frau (gest. 1776), eines der wenigen erhaltenen figürlichen Grabdenkmäler des Rokoko in Berlin. Das von einem Gitter umgebene Grabmal ist aus Sandstein. Die bewegte Engelsstatue mit geöffnetem Buch wurde wahrscheinlich nach 1776 von Wilhelm Christian Meyer d. Ä. geschaffen. Zu ihren Füßen befindet sich ein Füllhorn. Auf dem Podest sieht man Attribute des Schiffsbaus und einen sich verhüllenden Putto, dazu Inschriften auf einer Draperie.

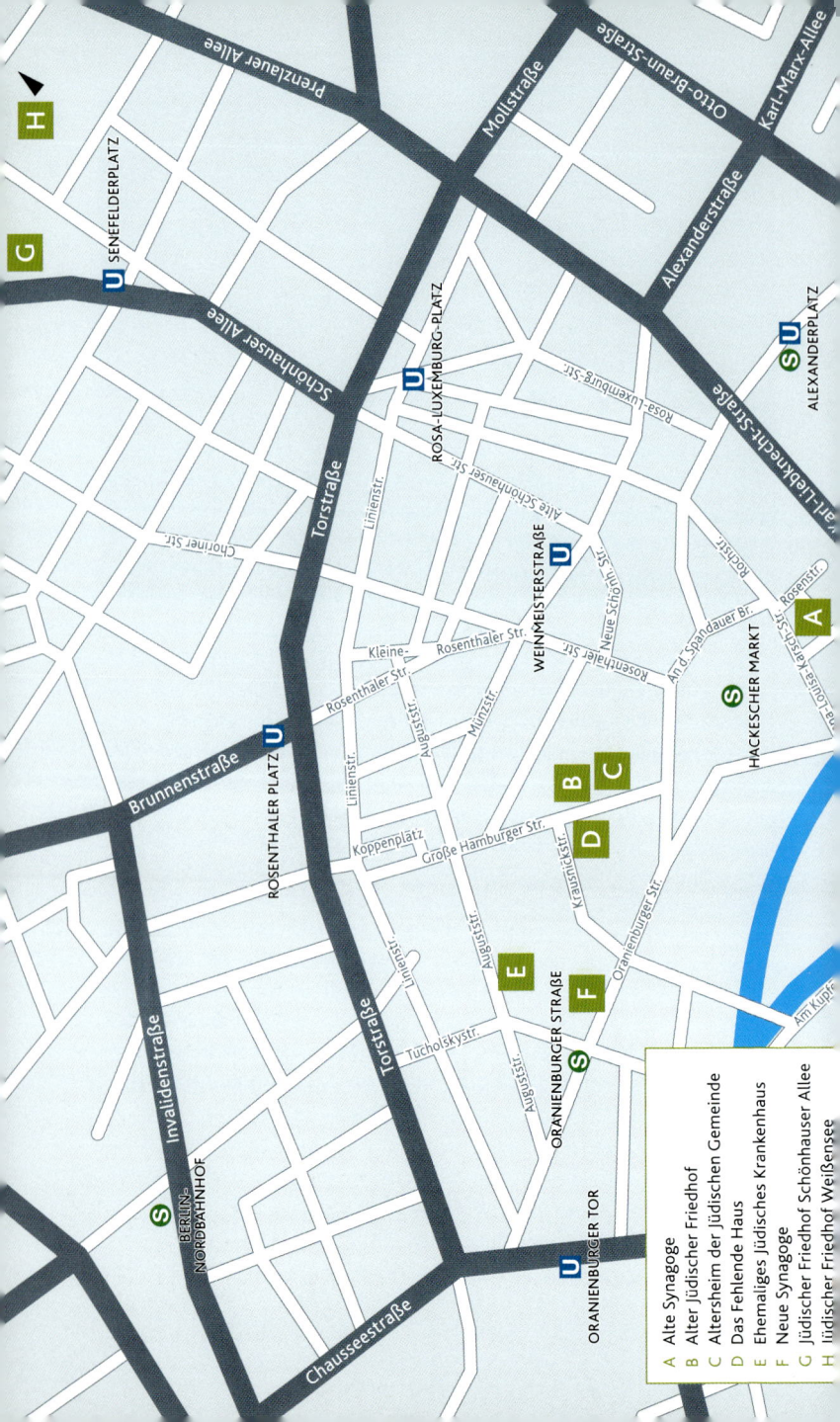

Prenzlauer Allee

Mollstraße

Otto-Braun-Straße

Karl-Marx-Allee

H

Alexanderstraße

SENEFELDERPLATZ

G

Schönhauser Allee

U ALEXANDERPLATZ

Rosa-Luxemburg-Str.

ROSA-LUXEMBURG-PLATZ

Karl-Liebknecht-Straße

U

Alte Schönhauser Str.

Choriner Str.

Linienstr.

Torstraße

WEINMEISTERSTRASSE

U

Neue Schön-Str.

An d. Spandauer Br.

Rochstr.

Rosenstr.

A

Kleine-

Rosenthaler Str.

Rosenthaler Str.

Rosenthaler Str.

S HACKESCHER MARKT

Karl-Louisa-Karsch-Str.

U ROSENTHALER PLATZ

Brunnenstraße

Linienstr.

Linienstr.

Augustsstr.

Münzstr.

B **C**

Koppenplatz

Große Hamburger Str.

Krausnickstr.

D

Oranienburger Str.

Augustsstr.

E

ORANIENBURGER STRASSE

F

Torstraße

Linienstr.

Tucholskystr.

Augustsstr.

S

S BERLIN-NORDBAHNHOF

Invalidenstraße

U ORANIENBURGER TOR

Chausseestraße

A Alte Synagoge
B Alter Jüdischer Friedhof
C Altersheim der Jüdischen Gemeinde
D Das Fehlende Haus
E Ehemaliges Jüdisches Krankenhaus
F Neue Synagoge
G Jüdischer Friedhof Schönhauser Allee
H Jüdischer Friedhof Weißensee

Judentum

Misstraut den Grünanlagen (I)

ALTE SYNAGOGE
Heidereutergasse, Ecke Rosenstraße, 10178 Berlin
S-Bhf. Hackescher Markt

»Wer ein Feuilleton liefern möchte, soll etwas aufschreiben, das er gesehen hat, gleichgültig ob vor dem äußeren oder dem inneren Auge. Und was dem einen sin Uhl, ist dem andern sin Alltag. Und ein bißchen mehr als das Erlebnis oder das Beobachtete, ein Fazit muß dabei sein, ein Umschwung, ein Besinnen, ein Fund, eine Rückkehr von allen Ausflügen.« (Heinz Knobloch: *Unterm Strich,* 1974)

Heinz Knobloch lebte seit 1935 in Berlin und war Journalist mit einem besonderen Faible für das Feuilleton. Er streifte durch die Stadt und schrieb auf, was er sah und was er über das Gesehene in Erfahrung bringen konnte. Eine Auswahl seiner mehr als 1600 Feuilletons, die er in über 40 Jahren für verschiedene Zeitungen schrieb, erschien in Sammelbänden wie *Stadtmitte umsteigen* oder *Mißtraut den Grünanlagen*. Mit diesem von ihm geprägten Bonmot wollte er darauf hinweisen, dass sich in Berlin die Zeugnisse bestimmter »heikler« Geschichtsepochen oft unter grünem Rasen versteckt finden. Heinz Knobloch erlag am 24. Juli 2003 im Berliner Stadtteil Pankow, wo er seit 1957 mit seiner Frau Helga lebte, einem Krebsleiden. In seinem Buch »Alte und neue Berliner Grabsteine« hatte er schon 1990 das Programm für seine Trauerfeier, die im Roten Rathaus stattfand, und seine Beerdigung in seiner Geburtsstadt Dresden festgelegt.

Eine solche Zeugnisse verbergende Grünanlage liegt heute z.B. in dem von hohen Plattenbauten umgebenen Karree zwischen Karl-Liebknecht-Straße und Spandauer Straße, unweit von Marienkirche und Dom. Dieser Ort ist repräsentativ für das Schicksal der jüdischen Gemeinde Berlins in den

Alte Synagoge, Kupferstich

letzten 350 Jahren. Hier befand sich bis 1945 die Alte Synagoge, das wahrscheinlich erste Gotteshaus, das sich Juden in Berlin errichten durften.

Die erste urkundliche Erwähnung von Juden in Berlin stammt aus dem Jahre 1295. Ob es zu dieser Zeit bereits eine Synagoge und einen Begräbnisplatz in Berlin gab, ist wegen der dürftigen Quellenlage nicht nachzuweisen. (Auf dem Jüdenhof, wo die ersten Juden Berlins siedelten, konnten weder Reste eines Friedhofs noch einer Synagoge gefunden werden.) Entweder waren die Berliner Juden damals darauf angewiesen, zu Hause zu beten, oder sie mussten sich zum Gottesdienst in das eine Tagesreise entfernte Spandau begeben, wo sich sowohl eine Synagoge als auch ein jüdischer Friedhof befanden. Juden waren in dieser Zeit rechtlos und galten als Eigentum des Landesherrn, der ihnen seine Gunst jederzeit wieder entziehen konnte. Das geschah im Mittelalter während der Pestpogrome mehrfach. Stets konnten sie jedoch nach einiger Zeit wieder zurückkehren, da man ihrer Dienste bedurfte. Ein einschneidendes Datum für die brandenburgischen Juden war das Jahr 1573, als der wegen seiner Geldpolitik beim Volk verhasste – aber vom Herrscher geschätzte – kurfürstliche Münzjude Lippold zum Tode verurteilt und die Juden »für alle Ewigkeit« aus der Mark Brandenburg vertrieben wurden.

Alte Synagoge, Inneres

100 Jahre später – Brandenburg lag nach dem Dreißigjährigen Krieg darnieder – erlaubte der Große Kurfürst Friedrich Wilhelm 50 wohlhabenden jüdischen Familien aus Wien, sich in Brandenburg zum Zweck des Handels niederzulassen, weil er sich davon – wie auch durch die ins Land gerufenen Hugenotten – eine Belebung des Wirtschaftslebens und ein Ansteigen der Bevölkerungszahl versprach.

Nachdem der neuen Jüdischen Gemeinde der Bau eines Gotteshauses anfangs verwehrt blieb, konnte sie 1712 ein Gartengrundstück sowie das Wohnhaus Heidereutergasse 4 erwerben. Sie schloss einen Bauvertrag mit dem Berliner Ratsmaurermeister Michael Kemmeter (von ihm stammt u. a. der Entwurf für den Ausbau des Schlosses Rheinsberg), der auch die Bauleitung übernahm. Die Grundsteinlegung war 1712, die Einweihung des Gotteshauses erfolgte 1714. Über die Kosten des Projekts ist heute nichts mehr bekannt, es gab jedoch keine finanzielle Unterstützung von Seiten des Staates. Der Bau stand im Innenhof des Grundstücks, damit er von der Öffentlichkeit nicht ohne Weiteres einsehbar war. Aus demselben Grund war er auch etwas in den Boden eingelassen, damit er niedriger erschien.

Weil die Synagoge im Lauf der Jahre für die ständig wachsende Gemeinde zu klein wurde, erfolgte in den Jahren 1854/55 ein Umbau durch Eduard Knoblauch. Die wichtigste Veränderung war eine Frauenempore mit vier Treppenanbauten. Außerdem wurde der Bau nach Osten hin erweitert und die Estrade mit dem Thoraschrein in eine neu geschaffene Apsis verlegt. Aber der Ausbau konnte das Raumproblem nur für kurze Zeit lösen, denn die Gemeinde wuchs rasant weiter, und so plante man die Neue Synagoge in der Oranienburger Straße. Erst nach der Einweihung dieses Großbaus entstand der Name »Alte Synagoge«. In der Pogromnacht 1938 wurde sie wegen ihrer geschützten Lage inmitten eines Hofes

Alte Synagoge, Grundmauern, 2012

nicht zerstört. Am 20. November 1942 fand hier der letzte Gottesdienst statt, die Deportation der Berliner Juden in die Konzentrationslager war zu diesem Zeitpunkt bereits in vollem Gange. Im Bombenhagel der Luftangriffe wurde das zum Lagerraum umfunktionierte Gebäude völlig zerstört. Die Reste trug man ab und legte darüber eine Rasenfläche an. Nur noch der im Rasen kaum erkennbare Grundriss und eine (meist beschmierte) Informationstafel erinnern an diesem Ort heute an die Alte Synagoge und das Schicksal der Berliner Juden.

Von der Heidereutergasse aus biegen wir nach links in die Rosenstraße, gehen am Hackeschen Markt unter der S-Bahn-Brücke hindurch und gelangen von der Straße An der Spandauer Brücke zur Oranienburger Straße. Nach einigen Metern biegen wir rechts in die Große Hamburger Straße ein und erreichen auf der rechten Seite den Alten Jüdischen Friedhof.

Misstraut den Grünanlagen (II)

ALTER JÜDISCHER FRIEDHOF

Große Hamburger Straße 26, 10117 Berlin; S-Bhf. Hackescher Markt
Öffnungszeiten:
1.4.–30.9.: Mo–Do 7:30–17 Uhr, Fr 7:30–14:30 Uhr, So 8–17 Uhr
1.10.–31.3.: Mo–Do 7:30–16 Uhr, Fr 7:30–14:30 Uhr, So 8–16 Uhr

Die jüdische Religion schreibt ähnlich wie der Islam die schnellstmögliche Beisetzung von Verstorbenen vor. Bereits vor der eigentlichen Bestattung werden verschiedene Rituale durchgeführt, die der Chewra Kadischa obliegen (s. Kapitel »Haus der Liebe«, S 61). So wird für den Verstorbenen direkt nach seinem Tod ein Licht angezündet. Ist der Tod zuhause eingetreten, werden alle Spiegel in der Wohnung verhängt. Ein Grund für diesen Brauch liegt in der Befürchtung, die Trauer könne sich sonst verdoppeln.

Bis zur Beisetzungszeremonie sowie der eigentlichen Bestattung wird der Verstorbene nicht allein gelassen. Während der Totenwache werden verschiedene Psalme rezitiert. Das Begräbnis sollte traditionell noch am Todestag stattfinden, außerhalb Israels meist nach einer Wartepflicht von 48 Stunden. Bei einem jüdischen Begräbnis wird auf Blumenschmuck und Prunk verzichtet, um zu verdeutlichen, dass im Tod alle gleich sind. Der Grabstein wird meist am ersten Jahrestag des Todes oder Begräbnisses gesetzt. Auf jüdischen Grabsteinen finden sich neben jüdischen Symbolen auch eine Vielzahl von nichtjüdischen Symbolen und Ornamenten, die oftmals Hinweise auf den Beruf des Verstorbenen geben, seine Rolle in der jüdischen Gemeinde oder sein Leben allgemein. Bei jedem Besuch des Grabes werden in Erinnerung an den Verstorbenen Steinchen abgelegt.

Die ab 1671 wieder in der Mark Brandenburg ansässigen Juden bemühten sich sehr bald um einen stadtnah gelegenen Begräbnisplatz vor den Toren. Das Gemeindemitglied Model Riess kaufte das vor dem Spandauer Tor gelegene Gelände und schenkte es der neu entstandenen Gemeinde. Von 1672 bis 1827 diente dieses Gelände als Friedhof, bis alle Grabstellen belegt waren. Da nach jüdischem Glauben Grabplätze nur einmal vergeben werden und dem Verstorbenen bis zum Jüngsten Tag dienen, wurde der Friedhof geschlossen und ein neuer an der Schönhauser Allee angelegt. Im Unterschied zu diesem erhielt der Friedhof an der Großen Hamburger

Alter Jüdischer Friedhof, Eingang, 2012

Straße den Namen »Alter Jüdischer Friedhof« (der gleichzeitig der älteste in Berlin nachgewiesene jüdische Begräbnisplatz ist) und diente ab
1844 als Park des Jüdischen Altersheims, aber auch als Schulgarten der
benachbarten jüdischen Knabenschule sowie für deren naturkundlichen
Unterricht. Das ursprünglich freiliegende Gelände wurde später ringsum
mit Häusern bebaut.

Bei seiner Schließung hatte der Friedhof 2767 Grabstätten, darunter
die Gräber bedeutender Persönlichkeiten des Berliner Judentums wie des
Philosophen Moses Mendelssohn (1729–1786), des Münzunternehmers
Friedrichs des Großen Veitel Heine Ephraim (1703–1775), des Bankiers
und Mäzens Daniel Itzig (1725–1799), des Arztes und Philosophen Marcus
Herz (1747–1803) oder des Zuckerfabrikanten Jacob Herz Beer (1769–
1825), dessen Sohn der Komponist Giacomo Meyerbeer war.

Auf dem Friedhof standen meist schlichte, oben abgerundete Sand-
steinmale, eng in langen Reihen angeordnet, mit der hebräischen Inschrift
nach Süden. Später kam eine deutsche Inschrift auf der Kehrseite hinzu,
zum Schluss gab es nur noch deutsche Inschriften. Die Grabsteine unterschieden sich in der Größe, aber auch Holzgrabmale wurden verwendet.
Die ältesten Grabmale – die der Gründer der Gemeinde, der aus Wien

ויציצו מעיר כעשב הארץ
לזכרון בית-החיים הראשון של קהל-ישראל
בברלין אשר בו נקברו נעדרי-עמנו זל עד תקפ"ז
והוא נחרב בידי רשעים אדומים עפי' צו-נסטפו תשג.
תנצב"ה
ואלול תהקק ועד הצבור היהודי בברלין

**ZUR ERINNERUNG
AN DEN ÄLTESTEN BEGRÄBNISPLATZ
DER JÜDISCHEN GEMEINDE ZU BERLIN,
DER VOM JAHRE 1672 BIS ZUM JAHRE 1827 BENUTZT UND IM
JAHRE 1943 AUF BEFEHL DER GESTAPO ZERSTÖRT WURDE.**

**BERLIN   8. ELUL 5708   VORSTAND
          12. SEPTEMBER 1948   DER JÜDISCHEN GEMEINDE.**

Alter Jüdischer Friedhof, Gedenktafel, 2012

eingewanderten Juden – wurden gegen Ende des 19. Jahrhunderts in die Südmauer eingelassen und überlebten an dieser Stelle unbeschadet die Zeit des Nationalsozialismus.

1943 verwüsteten SS-Leute auf Befehl der Gestapo den Alten Jüdischen Friedhof: Auf dem Gelände wurde – sinnloserweise – ein Splittergraben angelegt, der mit Grabsteinen abgestützt wurde, die man dafür zerschlug; die Gebeine der Bestatteten wurden weggeworfen. Im April 1945, in den letzten Kriegstagen, setzte man auf dem Friedhof 2427 gefallene Soldaten und im Bombenhagel getötete Zivilisten in Massengräbern bei; ein Gedenkstein in der östlichen Umfassungsmauer erinnert daran.

1948 übergab man den Friedhof wieder der Jüdischen Gemeinde, die ihn aber wegen der erfolgten Schändung nicht mehr als Begräbnisplatz nutzen konnte. Eine noch heute an der Südmauer angebrachte Gedenktafel erinnert an den Friedhof und seine Zerstörung. Die südliche Hälfte des Friedhofs wurde in den 1970er Jahren durch das Ostberliner Stadtgartenamt in eine öffentliche Grünanlage verwandelt, wobei man die übrig gebliebenen jüdischen Grabsteine und die für die Bombenopfer aufgestellten Holzkreuze entfernte. Die in die Mauer eingelassenen ältesten Grabsteine wurden 1989 wegen Witterungsschäden abgenommen und auf

Mendelssohn-Grab, Vorderseite, 2012   Mendelssohn-Grab, Rückseite, 2012

den Jüdischen Friedhof Berlin-Weißensee verbracht, wo sie dem weiteren Verfall preisgegeben waren. Als einzige Erinnerung an die tragischen Geschehnisse gestaltete man ein symbolisches Grab für Moses Mendelssohn und einen Sarkophag aus zerstörten Grabsteinen an der Friedhofsmauer.

Erst 2008 wurden der Friedhof und die Gedenkstätte mit Mitteln des Senats von Berlin und der Jüdischen Gemeinde zu Berlin instand gesetzt. Der Friedhof, der nach dieser Maßnahme wieder als solcher erkennbar ist, wurde eingefriedet und zur Großen Hamburger Straße hin durch ein Tor abgetrennt. Am Eingang installierte man ein Wasserbecken zum rituellen Händewaschen und brachte eine Gebetstafel an. Eine Informationstafel gibt die Lage der Sammelgräber aus der Zeit des Zweiten Weltkriegs an. Die Mauer, die das Gräberfeld durchschnitt, ersetzte man durch einen transparenten Zaun, sodass auch der bisher nicht zur Parkanlage gehörende Teil des Friedhofs wieder sichtbar ist. Wege wurden erneuert und die Flächen der Gräberfelder mit Efeu bepflanzt. Die seit 1988/89 ausgelagerten Epitaphien wurden restauriert und wieder aufgestellt.

Das bekannteste Grab des Friedhofs war immer das des großen Philosophen Moses Mendelssohn (1729–1786), des Vorkämpfers der jüdischen Aufklärung. Er diente Lessing als Vorbild für die Figur des Nathan in dem

Drama »Nathan der Weise«. Mendelssohns Grabstein, als einziger auf dem Friedhofsfeld aufrecht stehend, ist die mittlerweile vierte Ausfertigung. Das relativ schlichte Original, dessen Aussehen durch einen Kupferstich des Chodowiecki-Sohnes Wilhelm bekannt ist, war 1896 durch ein repräsentatives, eingezäuntes Granitmal mit goldener Inschrift ersetzt und 1943 von den Nationalsozialisten zerstört worden. 1962 ließ das Ostberliner Stadtgartenamt den oben erwähnten Gedenkstein aufstellen. Der heutige Stein von 1990 lehnt sich in der Form wieder an den ursprünglichen an. Da man die genaue Stelle von Mendelssohns Grab nicht mehr kennt, steht das Grabmal nur an der ungefähren Stelle.

> Nur wenige Meter vom Friedhof entfernt befindet sich das Gelände des ehemaligen Jüdischen Altersheims. Wir folgen der Großen Hamburger Straße in südlicher Richtung und stoßen linkerhand auf die Gedenkstätte.

Vom Altersheim nach Auschwitz

ALTERSHEIM DER JÜDISCHEN GEMEINDE
Große Hamburger Straße 25, 10115 Berlin; S-Bhf. Hackescher Markt

»Es ist beabsichtigt, Juden im Alter von über 65 Jahren nicht zu evakuieren, sondern sie einem Altersghetto – vorgesehen ist Theresienstadt – zu überstellen« (Protokoll der Wannseekonferenz vom 20. Januar 1942 zur Endlösung der Judenfrage).

Im Jahr 1925 lebten 173000 Juden in Berlin. Während der Zeit des Nationalsozialismus wurden 55000 Berliner Juden Opfer des Holocaust, die meisten anderen flohen oder wurden vertrieben. Lediglich 9000 Juden überlebten im Untergrund oder durch einen nicht jüdischen Ehepartner. Zur Verunglimpfung der in der westlichen Spandauer Vorstadt lebenden gutbürgerlichen Juden dehnten die Nationalsozialisten den durch Armut, Prostitution und Kleinkriminalität in Verruf geratenen Namen Scheunenviertel auf die gesamte Spandauer Vorstadt aus. In offenen Lastwagen wurden vor allem ältere Juden in der Großen Hamburger Straße, der Auguststraße und an anderen Orten im Innenstadtbereich eingesammelt und zu den Deportationsbahnhöfen gebracht. Dazu wurde insbesondere der im Wilmersdorfer Villenviertel gelegene S-Bahnhof Grunewald »umgewidmet«, um von dort im Zeitraum von 1941 bis 1945 Zehntausende Berliner Juden in »Sonderzügen« in die Ghettos Lodz, Minsk, Riga und Warschau sowie nach Theresienstadt zu transportieren, das ausgewählten ausländischen Besuchern als »jüdische Mustersiedlung« vorgeführt wurde. Das Altersghetto Theresienstadt war nur eine Zwischenstation auf dem Weg nach Auschwitz. Ab Ende 1942 gingen die Transporte aus Berlin direkt dorthin.

Die Jüdische Gemeinde Berlins erbaute ihr erstes Altersheim 1829 in der Oranienburger Straße 8. 1844 zog es in die Große Hamburger Straße um, unmittelbar neben den Alten Jüdischen Friedhof. Zwischen 1867 und 1874 errichtete man zwei Anbauten, um die Heimplätze auf 120 zu erweitern. Bekannte Gönner unterstützten die Einrichtung finanziell, u.a. Bankier Julius Bleichröder, Textilkaufmann und Mäzen James Simon, Kaufhausbesitzer Louis Gerson und Kaffeeröster Albert Zuntz, denen auf Tafeln im Innern des Hauses gedankt wurde. Links neben dem Jüdischen Altersheim wurde 1906 die Knabenschule der Jüdischen Gemeinde eröffnet. Die Gestapo

Jüdisches Altersheim, Gedenktafel, 2012

Das Denkmal »Jüdische Opfer« von Will Lammert, 2012

wandelte beide Gebäude 1942 in ein »Judenlager« um, ein Gefängnis mit Gittern und Scheinwerfern, wo Juden zur Deportation gesammelt wurden. Der angrenzende Friedhof diente als Sportplatz für die Bewacher und als Ort für bewachte Hofgänge der Gefangenen. Die Große Hamburger Straße wurde dadurch zum Synonym für den Abtransport in den Tod, sie war aber beileibe nicht der einzige Sammelort.

Ein Bombenangriff in den letzten Kriegstagen 1945 zerstörte das Jüdische Altersheim. Ein unscheinbarer Gedenkstein erinnerte seit den 1960er Jahren an diesen Ort, der nach dem Krieg unbebaut blieb. Erst 1985, als sich die DDR dem Gedenken auch jüdischer Opfer des Nationalsozialismus stellte, wurde ein Mahnmal an dieser Stelle errichtet: eine grabsteinartige Gedenktafel mit einem Davidstern und die bronzene Skulpturengruppe »Jüdische Opfer des Faschismus«. Der Bildhauer Will Lammert hatte sie 1957 ursprünglich für die Gedenkstätte des KZ Ravensbrück geschaffen, wo sie zu Füßen der Skulptur »Tragende« stehen sollte. Lammert verstarb jedoch vor der Aufstellung und zu der schließlich realisierten monumentalen Präsentation der »Tragenden« passte die eher kleinformatige Gruppe nicht mehr. So wurde sie fast 30 Jahre später von Lammerts Enkel Mark nach einer Gestaltungsidee von John Heartfield hier als erstes Berliner

Grundmauern des Jüdischen Altersheims, 2012

Denkmal für jüdische Opfer aufgestellt. Aufgrund mehrerer Anschläge ist das Denkmal heute, wie auch die benachbarte Schule, rund um die Uhr bewacht.

2007 bis 2008 gestalteten der Senat von Berlin und die Jüdische Gemeinde zu Berlin den Friedhof und die Gedenkstätte um. Das neue Konzept umfasste auch das Gelände des Altersheims und sah vor, dessen Grundmauern durch Suchgrabungen zu ermitteln und die historische Raumstruktur des Gebäudes durch Aufmauerungen oberirdisch wieder sichtbar zu machen. Quer über diese Struktur wurden erkennbar neuzeitliche Wege gelegt, die zu der alten, in die neu errichtete Friedhofsmauer integrierten Gedenktafel aus DDR-Zeiten, zur umgesetzten Skulpturengruppe Lammerts und zum Friedhofseingang führen. Seit dem 24. September 2008 sind Friedhof und Gedenkstätte wieder geöffnet.

Auch die nächste Station des Spaziergangs ist vom ehemaligen Jüdischen Altersheim aus mit einem kurzen Fußweg zu erreichen. Ein Stück weiter nach Norden, an der Großen Hamburger Straße 16, erreichen wir das Fehlende Haus.

La maison manquante

2

DAS FEHLENDE HAUS

Große Hamburger Straße 16, 10115 Berlin
U-Bhf. Weinmeisterstraße, S-Bhf. Hackescher Markt

»Erinnerung setzt immer den Abbruch einer Gegenwart voraus, die endgültig zur Vergangenheit geworden ist. In diese Gegenwart kommt keiner mehr zurück – außer über den wackligen Steg der Erinnerung. Wo es obendrein noch Fotos, Schriften oder andere Relikte gibt, wird dieser Steg etwas trittfester«, heißt es in einem Interview mit der Kulturanthropologin Aleida Assmann. Wie in vielen anderen Städten finden sich überall in Berlin – besonders aber in Mitte in den Szenevierteln um die Neue Schönhauser Straße, den Hackeschen Markt, die Oranienburger Straße und die Kastanienallee – mehr als 3500 »Stolpersteine«, die an Opfer des Nationalsozialismus erinnern. Insgesamt sind es in ganz Deutschland wohl über 27 000. Es sind in den Boden eingesetzte, zehn mal zehn Zentimeter große kubische Betonsteine mit einer Messingoberfläche, auf die der Name und letzte Wohnort der Opfer eingraviert sind.

Erstmals wurden solche mit einer Messingplatte versehenen und beschrifteten Steine 1995 durch den Kölner Bildhauer Günter Demmig ohne Genehmigung in das Pflaster eines Gehweges eingesetzt: Sie sollten auf das Schicksal von Menschen aufmerksam machen, die im Nationalsozialismus ermordet, deportiert, vertrieben oder in den Suizid getrieben wurden. Stolpersteine sind Mahnmale gegen das Vergessen, ein Thema, das nicht nur eine geschichtliche Bedeutung hat. Die heftigen Kritiken und unterschiedlichen Reaktionen, die Verlegungen von Stolpersteinen immer wieder hervorrufen, zeigen aber auch, dass die Menschen ganz unterschiedliche Weisen im Umgang mit der Geschichte von Leid und Trauer haben.

In der Spandauer Vorstadt, dem Viertel um die Sophienkirche, lebten zu Beginn des 20. Jahrhunderts Menschen aus unterschiedlichsten sozialen Schichten zusammen. Wegen der in diesem Viertel befindlichen zahlreichen jüdischen Einrichtungen hatte es auch einen hohen Anteil an Juden, die vor allem aus dem Osten eingewandert waren. Die meisten dieser »Ostjuden« lebten anfänglich im sogenannten Scheunenviertel, dem Quartier rund um den heutigen Rosa-Luxemburg-Platz, weil durch die

Christian Boltanskis Gedenkplatten, 2012   Das Fehlende Haus, 2012

dort vorherrschende marode Bausubstanz billiges Wohnen garantiert war. In den 1930er Jahren wurde das »Scheunenviertel« jedoch abgerissen und die Bewohner verteilten sich auf die Spandauer Vorstadt. Kurz vor Kriegsende wurde das Haus Nr. 15/16 in der Großen Hamburger Straße von Bomben getroffen und brannte völlig nieder. Noch heute klafft an dieser Stelle eine Lücke zwischen zwei angrenzenden Häusern, die bei dem Bombenangriff verschont blieben.

Der französische Künstler Christian Boltanski, der 1943 geborene Sohn einer Korsin und eines zum Katholizismus konvertierten jüdisch-ukrainischen Immigranten, war vor 20 Jahren als Gastprofessor an der Hochschule der Künste tätig. Er stieß auf seinen Spaziergängen, die er nach der Wende in Berlin-Mitte unternahm, in der Großen Hamburger Straße immer wieder auf die zwischen den beiden angrenzenden Häusern entstandene »Wunde«, wie er sie nannte. 1990 begann er zu recherchieren, wer zur Zeit der Zerstörung im Haus gelebt hatte. Er ermittelte Namen, Geburtsdaten und Berufe der Bewohner, wann sie hier eingezogen waren und – besonders – wer das Haus schon vor dessen Zerstörung verlassen hatte. So zog zum Beispiel der Holzmakler G. Seefeld schon 1933 aus, die Geflügelhändlerin H. Budzislawski im Kriegsjahr 1942, Hinweise auf

Emigration und Deportation der deutschen Juden. Hier verbindet sich die Geschichte der Bewohner der maison manquante mit der des Künstlers: Die Nazis als Besatzer in Paris hatten auch seinen Vater verfolgt. Die gefundenen Informationen ließ Boltanski auf weiße Metallplatten schreiben, die in ihrer Gestaltung an Todesanzeigen erinnern, wie man sie aus Tageszeitungen kennt. Die Platten wurden an den Brandmauern der beiden angrenzenden Häuser befestigt, auf der Höhe der Etagen des zerstörten Hauses. Sie markieren nun jene Leerstelle, die durch Nazi-Verbrechen und Bombenkrieg entstanden ist, und rufen die Erinnerung an die Bewohner ins Bewusstsein zurück. Damit wird die »Wunde« zwar nicht geheilt, aber es ist eine »Narbe« entstanden, die zur weiteren Beschäftigung mit den Ursachen der Wunde auffordert.

> Wir folgen der Großen Hamburger Straße weiter in Richtung Norden, bis wir links in die Auguststraße abbiegen. Nach wenigen Metern erreichen wir das ehemalige Jüdische Krankenhaus.

Das Haus der Liebe

EHEMALIGES JÜDISCHES KRANKENHAUS AUGUSTSTRASSE
Auguststraße 11–16, 10117 Berlin; S-Bhf. Oranienburger Straße

In seinem Ideendrama »Nathan der Weise« setzte Gotthold Ephraim Lessing seinem engen Freund und Schachpartner, Moses Mendelssohn, dem bekannten Gelehrten, Kritiker und Begründer der jüdischen Aufklärung, ein literarisches Denkmal. Ausweislich der Berliner Medizinalstatistik für das Jahr 1786 war Moses Mendelssohn einer von 202 Erwachsenen, bei denen als Todesursache »Schlagfluss« angegeben wurde. Einer seiner behandelnden Ärzte war Marcus Herz, der erst kurz vor dem Tode im Januar 1786 – als kaum noch Hoffnung auf Genesung bestand – die palliative Begleitung übernahm. Marcus Herz hat in bewegenden Worten das Sterben Mendelssohns und seine Gefühle in der Todesstunde geschildert: »Die Lampe verlosch, weil es ihr an Öl gebrach, und nur ein Mann, wie er, von seiner Weisheit, Selbstbeherrschung, Mässigkeit und Seelenruhe, konnte bei seiner Konstitution die Flamme 57 Jahre brennend erhalten. – Ich umfasste gleich im ersten Augenblicke des Schreckens seinen Kopf und blieb so – Gott weiss wie lange? versteinert stehen. Da neben ihm hinzusinken und mit ihm zu entschlafen, das war der heisseste Wunsch, den ich je gehabt und je haben werde.«

1756 eröffnete in der Oranienburger Straße in der Spandauer Vorstadt das »Juden Lazarett«, das erste von einer jüdischen Gemeinde betriebene und neben der Charité älteste und traditionsreichste Krankenhaus Berlins. Seine Aufgabe war – wie auch die der Charité – die Heilung, Pflege und Unterstützung der Armen. Der bekannte Arzt und Philosoph Marcus Herz wirkte hier. Da das Gebäude nur zwölf Zimmer hatte, erwarb die Jüdische Gemeinde in den 1850er Jahren ein großes Terrain in der Auguststraße für einen Neubau. Der renommierte Architekt Eduard Knoblauch, der gerade die Entwürfe für die Neue Synagoge in der Oranienburger Straße vollendet hatte, bekam den Auftrag zur Planung der Bauten.

Im September 1861 konnte der über die Hausnummern 14–16 verteilte Neubaukomplex eröffnet werden, der aus dem Verwaltungs- und Apothekenbau (an der Auguststraße), einem Hospiz zur dauerhaften Unterbringung von Pflegebedürftigen (links daneben und im linken Seitenflügel) und dem Krankengebäude (auf dem Hof) bestand. Die Parzelle 11–13 blieb zunächst unbebaut und wurde als Garten und für »Pneumatische Kabinette« zur Untersuchung der Atemwege genutzt.

Das gesamte Ensemble aus Gebäuden unterschiedlicher Baujahre ist erhalten geblieben und zeugt von einer 150 Jahre alten Tradition jüdischer Wohlfahrtspflege. Repräsentativ zeigte sich der straßenseitige Verwaltungstrakt mit seiner Putzquaderung und filigranen ornamentalen Gesims- und Friesbändern in edlem klassizistischem Stil, heute wird der Eindruck durch Verfall getrübt.

Ein hoher, geschmückter Torbogen führt auf den Hof, auf dem das Krankenhaus, ein einfacher dreigeschossiger Ziegelbau mit drei Risaliten steht. Der Mittelrisalit ist durch einen Dreiecksgiebel betont, die Portale von ornamentierten Terrakotten geschmückt.

Das nach dem Vorbild des Diakonissenhauses Bethanien mit einem Korridorsystem ausgestattete Jüdische Krankenhaus galt bis zur Einführung des Pavillonsystems als medizinische Musteranstalt. Wegen der hier tätigen international renommierten Mediziner und der modernen Behandlungsmethoden hatte das Krankenhaus auch bei Nicht-Juden einen

Verwaltungsbau des ehemaligen Jüdischen Krankenhauses, 2012

guten Ruf; die Patientenzahl stieg stetig an und machte 1914 einen erneuten Umzug an den heute noch bestehenden Standort Berlin-Wedding
notwendig.

1876 hatte man noch ein »Siechenhaus« für die Betreuung dauerhaft
Pflegebedürftiger als Erweiterungsbau des Krankenhauses eingerichtet.
Es steht neben dem Verwaltungstrakt und war über ein Brückenhaus mit
dem Krankengebäude verbunden. Obwohl ebenfalls mit einer Sichtziegel-
Fassade versehen, war das Äußere dieses Hauses zurückhaltender gestaltet
als das Krankenhaus. Dennoch ist es ein Musterbeispiel für ein rationales,
handwerklich sauber ausgeführtes Zweckgebäude seiner Zeit.

Die Gebäude in der Auguststraße verblieben auch nach dem Auszug
des Krankenhauses in der Hand der Jüdischen Gemeinde und wurden in
den 1920er Jahren zu einem Zentrum jüdischer Wohlfahrtspflege: Das
Mädchenheim des jüdischen Frauenbundes, eine Tagesstätte für Säuglin-
ge, ein Kindergarten des Wohlfahrtsamtes, die Kochschule der Gemeinde,
eine Näh- und Arbeitsstube, eine Zahnklinik, der orthopädische Turnsaal
der Jüdischen Kinderhilfe, der Kindergarten von Adass Jisroel und die Klei-
derkammer der Jüdischen Gemeinde waren hier untergebracht. Zwei der
hier arbeitenden Einrichtungen verdienen es besonders hervorgehoben

Siechenhaus, 2012

zu werden: »Chewra Kadischa«, die Beerdigungsbruderschaft von Groß-Berlin, und »Beit Ahawah«, das Jüdische Kinderheim für jüdische Flüchtlingskinder und Waisen.

Die Chewra Kadischa (Heilige Bruderschaft jener, die Taten der Barmherzigkeit vollbringen) war die – in jeder jüdischen Gemeinde existierende – Beerdigungsbruderschaft, die sich den Krankenbesuchen und der rituellen Bestattung Verstorbener widmete. Zu ihren Aufgaben gehörte das Gebet am Lager des Sterbenden, die Unterstützung und der Trost der Angehörigen sowie der Vollzug der Bestattungsriten: Bedeckung des Leichnams mit einem Leintuch, Aufbahrung auf dem Boden, Anzünden der Kerzen neben dem Kopf des Toten. Auch die Beerdigung wurde von der Bruderschaft organisiert: Transport des Leichnams zum Friedhof, rituelle Reinigung, Einkleidung mit Grabgewändern und Einsargung. Die Chewra Kadischa von Groß-Berlin in der Auguststraße sah ihre Aufgabe darin, dieses Ritual allen Gemeindemitgliedern, ganz gleich, ob arm oder reich, zukommen zu lassen.

Das Jüdische Kinderheim betreute nach dem Ersten Weltkrieg Kinder aus armen oder zerrütteten Familien sowie Flüchtlings- und Waisenkinder aus Osteuropa. 1922 übernahm Beate Berger die Leitung des bald »Beit Ahawah« (Haus der Liebe) genannten Hauses. Unter ihr entwickelte sich das Flüchtlingsheim zu einer engagiert geführten, von humanitärer Überzeugung geprägten pädagogischen Einrichtung. Bald nach 1933 erkannte sie, dass ihre Schützlinge im nationalsozialistischen Deutschland keine Zukunft hatten und wirkte daran mit, das Heim nach Palästina zu verlegen. Sie sammelte 30 000 Mark Sponsorengelder – unter anderem vom Maler Max Liebermann – und brachte das Geld, als Nonne verkleidet, auf abenteuerlichen Wegen nach Palästina, um es dort für den Bau eines neuen »Beit Ahawah« zu verwenden.

Die britische Mandatsregierung Palästinas ließ jedoch nur Kinder einreisen, die 15 Jahre oder älter waren, weshalb zwischen 1934 und 1939 nur etwa 100 geeignete Kinder in fünf Gruppen nach Haifa gebracht und dadurch vor der Shoah gerettet werden konnten. Der Kriegsbeginn und Beate Bergers plötzlicher Tod 1940 in Haifa beendeten die Evakuierung. Die in Berlin verbliebenen Kinder kamen in die Konzentrationslager, wo keines überlebte. Das Ahawah-Gebäude wurde Sammelstelle für Deportationen.

Auf dem unbebauten Grundstück Auguststraße 11–13 entstand 1927/28 ein Schulhaus als eines der letzten jüdischen Neubauvorhaben vor der Nazi-Ära; Alexander Beer errichtete es im Stil der Neuen Sachlichkeit. 1930 zog hier die Jüdische Mädchenschule ein. In Beers modernem Bau saßen die Schülerinnen auf Stühlen statt auf Bänken, die Schränke hatten Schiebetüren und die Kinder einen Pausenhof auf dem Dachgarten. Durch die Verweisung jüdischer Schüler von »arischen« Schulen ab 1933 stieg die Schülerzahl von 300 auf knapp 1000, mit Beginn der »Endlösung« 1942 wurden jedoch alle jüdischen Schulen geschlossen. Im Schulgebäude richteten katholische Hospital-Schwestern ein Lazarett für Kriegsverletzte ein. Von hier aus mussten sie durch die Kellerfenster des Nachbargebäudes zusammengepferchte Menschen ansehen, die mit LKW abtransportiert wurden.

Der Architekt Alexander Beer, der für die Berliner Jüdische Gemeinde u. a. das Waisenhaus in Pankow, die Synagoge am Fraenkelufer und das Altersheim in der Berkaer Straße gebaut hatte, starb 1944 im KZ Theresienstadt. Der nunmehr »judenreine« Ahawah-Komplex wurde ab 1943 von der Hitlerjugend genutzt. Im Frühjahr 1945 nahmen sich die Schwestern des Lazaretts auch einiger Hitlerjungen an, die als »Volkssturm« noch in letzter Minute »verheizt« werden sollten. Sie nahmen die Deserteure als Verletzte auf, tarnten sie mit Mullbinden als frisch Operierte, verbrannten ihre Uniformen im Heizungskeller und vergruben ihre Waffen auf dem Schulgelände.

Zu DDR-Zeiten wurde das Gebäude wieder als Schule genutzt, nach der Wende stand der als jüdisches Eigentum restituierte Gebäudekomplex bis 2011 leer und bot einen beklagenswerten Eindruck. Die Fenster des Siechenhauses sind immer noch vermauert und die edle klassizistische Fassade des Verwaltungstraktes von Eduard Knoblauch bröckelt. Nach langer Zeit der Diskussionen über Zweckbestimmung, Restaurierung und Kostenübernahme erklärte der Senat von Berlin das Areal zum »Kultur-

Ehemalige Jüdische Mädchenschule in der Auguststraße, 2012

denkmal von nationaler Bedeutung« und sicherte erst einmal die Finanzierung erhaltender Baumaßnahmen.

2012 konnte die bereits renovierte ehemalige Mädchenschule auf einem Drittel ihrer Grundfläche gastronomisch und auf zwei Dritteln als Galerie eröffnet werden. Unter den verschiedenen gastronomischen Einrichtungen soll sich auch ein koscheres Restaurant befinden, der ehemalige Schulhof soll im Sommer als Biergarten dienen. Die Galerienutzung teilen sich mehrere bekannte Galeristen. Das ehemalige Krankenhausgebäude auf dem Hof wird Universitätsinstitut für jüdische Studien. Es wäre sehr zu wünschen, dass dieses hoch bedeutende Areal nach Abschluss der denkmalgemäßen Restaurierung vollständig der Öffentlichkeit zugänglich wird.

Wir folgen der Auguststraße wenige Meter in westlicher Richtung und biegen links in die Tucholskystraße ein, die uns zur Oranienburger Straße führt. Linkerhand ist bereits die Neue Synagoge zu sehen.

Das gefälschte Inferno

2

NEUE SYNAGOGE

Oranienburger Straße 28–30, 10117 Berlin
S-Bhf. Oranienburger Straße
Öffnungszeiten:
April – Sep.: So, Mo 10 – 20 Uhr, Di – Do 10 – 18 Uhr, Fr 10 – 17 Uhr
März – Okt.: So, Mo 10 – 20 Uhr, Di – Do 10 – 18 Uhr, Fr 10 – 14 Uhr
Nov. – Feb.: So, Mo 10 – 18 Uhr, Di – Do 10 – 18 Uhr, Fr 10 – 14 Uhr
www.cjudaicum.de

Das Wort Holocaust stammt vom griechischen »holokauston« ab und bedeutet »völlig verbrannt«. Der Begriff wurde aus der englischen Bibelsprache ins Deutsche übernommen, um die schrecklichen Massenvernichtungen insbesondere der Juden durch die Nationalsozialisten sprachlich zu fassen. »Lasst, die ihr eintretet, alle Hoffnung fahren!« steht über dem Tor zum Inferno, dem ersten Kapitel in Dantes »Göttlicher Komödie«, die zwischen 1304/07 und 1321 geschrieben wurde. Nach langem Zögern begibt sich Dante in Begleitung des römischen Dichters Vergil ins Inferno und beginnt eine Reise, die ihn durch die Hölle, das Fegefeuer und schließlich in Begleitung seiner Jugendliebe Beatrice ins Paradies führt.

Die Vergegenwärtigung des Holocaust bedeutet immer auch, sich mit den Grenzen des Verstehens auseinanderzusetzen, aber auch, politische und moralische Verantwortung zu übernehmen. Zu den eindrucksvollsten Berichten zum Holocaust gehört der 1947 erschienene autobiographische Roman »Ist das ein Mensch?« des jüdischen italienischen Chemikers und Schriftstellers Primo Levi, der Auschwitz überlebte und doch an Auschwitz zerbrach: Er starb 1987 durch Suizid, nachdem er in seinem letzten Buch »Die Untergegangenen und die Geretteten« (1986) nochmals in eindringlicher Weise an das »größte Verbrechen in der Geschichte der Menschheit« erinnerte. Die Mahnung Primo Levis »Es ist geschehen, und folglich kann es wieder geschehen: darin liegt der Kern dessen, was wir zu sagen haben« kann in der Informationslobby der zentralen Holocaust Gedenkstätte zwischen Ebert- und Wilhelmstraße gefunden werden. Das Bild der brennenden Neuen Synagoge in der Oranienburger Straße galt lange Zeit als Symbol für Holocaust und Inferno, obwohl es sich hierbei um eine Fälschung aus der Nachkriegszeit handelte.

Die orientalisch anmutende goldene Kuppel, die jetzt wieder das Stadtbild der Berliner Mitte prägt, lässt den Eindruck entstehen, die Neue Synagoge, zu der sie gehört, sei nach Pogromnacht und Kriegszerstörung wieder entstanden. Doch täuscht der Eindruck; was dort so glänzt, ist lediglich die Fassade des berühmten Bauwerks. Der größte Teil des Komplexes wird heute von einem großen Hof eingenommen, der sich hinter der Fassade anstelle des eigentlichen Synagogensaales befindet. Wie alle Orte jüdischen Lebens in Berlin, so hat auch die Neue Synagoge eine leidvolle, von Diskriminierung, Tod und Zerstörung geprägte Geschichte.

Sie wurde in den Jahren 1859–66 nach einem Entwurf von Eduard Knoblauch, der zuvor bereits die Alte Synagoge in der Heidereutergasse erweitert hatte, erbaut. Im Gegensatz zu diesem unscheinbaren Gebäude sollte der Neubau als Symbol der jüdischen Emanzipation des 19. Jahrhunderts dienen. Zwar ist der Komplex in die Blockrandbebauung der Oranienburger Straße eingebunden – frei stehende Kirchengebäude waren in jener Zeit nur den Protestanten vorbehalten –, aber die Wahl eines renommierten Architekten und der exotische Baustil mit der goldenen Kuppel zeugten schon davon, dass die Bauherren hier ein deutliches Zeichen setzen wollten.

Allerdings war der Stil des Gebäudes anfangs umstritten. Knoblauch wählte maurische Formen, die die Assoziation an die Architektur Cordobas wecken sollten, wo die Emanzipation der Juden und ihre relative religiöse Gleichrangigkeit mit dem Islam und dem Christentum im frühen Mittelalter einen Höhepunkt erlebt hatten. Aufgeklärte Kritiker warfen dem Architekten vor, dass er gerade dadurch die Fremdartigkeit des Judentums unterstreiche, derer sie sich ja entledigen wollten. Sie hätten ein Gebäude in romanischen oder gotischen Formen bevorzugt und gern an die mittelalterliche Tradition der zwischen Speyer und Köln lebenden Juden angeknüpft, wo die Synagogen in Worms und Speyer im »deutschen« Baustil errichtet wurden. Letztlich waren aber auch die Kritiker mit dem repräsentativen Äußeren des Bauwerks zufrieden.

Nach Knoblauchs Tod 1865 setzte der königlich-preußische Oberbaurat August Stüler die Bauausführung fort. Moderne Eisenkonstruktionen wurden im Innern verwendet: Die Deckengewölbe des Synagogensaales mit seinen 3200 Plätzen ruhten auf schlanken Eisenstützen; die filigrane eiserne Kuppelkonstruktion entwarf Johann Wilhelm Schwedler, ein renommierter Ingenieur und Schöpfer von Brücken, Gasometern und Bahn-

Neue Synagoge, Ölbild, 1865   Neue Synagoge, Inneres, 19. Jahrhundert

hofshallen. Um das verwinkelte Grundstück voll auszunutzen, entstand ein mehrfach in der Hauptachse gebrochener Grundriss. Diese Unregelmäßigkeit war aber durch die geschickte Anordnung der Räume kaum merkbar. Die Neue Synagoge galt als der bedeutendste jüdische Kultbau Deutschlands.

Selbstverständlich richteten sich die Aktivitäten der Pogromnacht im November 1938 auch gegen dieses auffällige Symbol des Judentums. Allerdings verlief die Aktion nicht so wie an unzähligen anderen Orten: Den Brandstiftern trat der örtliche Reviervorsteher Wilhelm Krützfeld entschlossen entgegen, verwies auf Denkmalschutz und Brandgefahr für Wohnungen »arischer« Volksgenossen und ließ gelegte Brände wieder löschen. Ein halbes Jahr später wurde die Synagoge bereits wieder genutzt, die Kuppel aber nach Kriegsausbruch mit Tarnfarbe übermalt. Am 30. März 1940 endete die Nutzung als jüdisches Gotteshaus, das Gebäude wurde enteignet und darin ein Lager für das Heeresbekleidungsamt III eingerichtet. 1943 zerstörte ein heftiger Bombenangriff den Hauptsaal und den rechten Turm und beschädigte die Kuppel schwerwiegend. Die Ruine blieb für die nächsten 25 Jahre ungenutzt stehen. 1948, zum zehnjährigen Gedenken der Pogromnacht, wurde mangels spektakulärer Bil-

Fotomontage des Brandes, 1948   Ruine der Synagoge, 1942

der aus der Nacht vom 9. zum 10. November in Berlin eine verblüffende Fälschung angefertigt: Man fotografierte die Synagoge im beschädigten Zustand, fügte – durch Retuschen – aus dem Bauwerk lodernde Flammen ein und gab dies als Originaldokument zur »Reichskristallnacht« in Berlin aus. Noch Jahrzehnte später geisterte diese Fälschung durch Schulbücher und Ausstellungen zu den Novemberpogromen, obwohl man sie doch so leicht entlarven konnte: Das »Brandfoto«, angeblich von 1938, zeigt genau jene Kriegszerstörungen, die erst fünf Jahre später entstanden.

Die Leidenszeit des Gebäudes ging indes weiter: 1958 ließen die DDR-Behörden die Ruine des Synagogensaals und die beschädigte Kuppel oberhalb des Tambours abtragen. Angesichts einer Jüdischen Gemeinde von ca. 100 Mitgliedern konnte man sich ein Wiederaufleben jüdischen Lebens im Arbeiter- und Bauernstaat nicht vorstellen. 1966 wurde die Ruine zur Gedenkstätte erklärt, worauf eine von der Jüdischen Gemeinde angebrachte Tafel hinweist. Sie trägt die Inschrift: »Diese Synagoge ist 100 Jahre alt und wurde am 9. November 1938 IN DER KRISTALLNACHT von den Nazis in Brand gesteckt. Während des II. Weltkrieges wurde sie im Jahre 1943

Neue Synagoge, 2012

durch Bombenangriff zerstört. Die Vorderfront dieses Gotteshauses soll für alle Zeiten eine Stätte der Mahnung und Erinnerung bleiben. VERGESST ES NIE.«

Gegen Ende des DDR-Regimes bemühte sich die Regierung um eine Verbesserung des Verhältnisses zum Staat Israel. Das kam auch der Jüdischen Gemeinde Ost-Berlins zugute, denn zum 50. Jahrestag der Pogromnacht gestattete man die Gründung der Stiftung »Neue Synagoge Berlin – Centrum Judaicum« und veranstaltete am 10. November 1988 eine symbolische Grundsteinlegung zum Wiederaufbau der Fassade der Neuen Synagoge. Die Fertigstellung der Arbeiten fiel dann bereits in die Zeit nach der Wiedervereinigung. Am 7. Mai 1995 eröffnete das Centrum Judaicum mit der ständigen Ausstellung »Tuet auf die Pforten«. Das Gebäude enthält ferner ein Dokumentationszentrum mit Bibliothek, Vortragsräume, einen Repräsentantensaal, eine kleine Synagoge und ein rituelles Bad (Mikwe).

> Die nächste Station des Spazierganges ist fußläufig etwa 2,5 Kilometer entfernt. Wir gehen zurück zum Hackeschen Markt und folgen der Rosenthaler Straße, bis wir rechts in die Neue Schönhauser Straße einbiegen. Die Neue wird zur Alten Schönhauser Straße und diese zur Schönhauser Allee. Wir folgen der Schönhauser Allee gut 700 Meter und erreichen den auf der rechten Seite gelegenen Jüdischen Friedhof.

Ruhestätte angepasster Mitbürger

JÜDISCHER FRIEDHOF SCHÖNHAUSER ALLEE
Schönhauser Allee 22, 10435 Berlin (U-Bhf. Senefelderplatz)
Öffnungszeiten: Mo – Do 8 – 16 Uhr, Fr 7:30 – 14:30 Uhr

Für Juden ist der Friedhof eine ewige Ruhestätte, die Gräber dürfen nicht eingeebnet werden. Durch die Inschriften bringen sie den Glauben an die Auferstehung zum Ausdruck (z.B. »Haus des Lebens«, »Haus der Ewigkeit«, »Guter Ort«). Gräber sind nicht mit Kränzen und Blumen geschmückt, es wachsen meist Efeu oder Bodendecker. Auf vielen Gräbern liegen Kieselsteine, die von Angehörigen oder Besuchern hinterlassen werden – eine alte Tradition aus der Zeit, als sich die Gräber der Israeliten in der Wüste befanden und durch Steinpyramiden die Störung der Grabesruhe durch aasfressende Tiere verhindert werden sollte.

Die Grabsteine sind immer höher als breit, auf vielen Grabsteinen sind neben Texten auch Symbole eingemeißelt. Zu den ältesten Symbolen gehören Leuchter (Menora), der auf das Weiterleben der Seele hinweist, Sanduhr, Schmetterling und Schlange, die seit Mitte des 19. Jahrhunderts als Symbol für die Unvergänglichkeit der Seele verwendet werden, Tierdarstellungen, die oft Hinweis auf den Namen des Verstorbenen geben (z.B. Löwe, Hirsch), die segnenden Hände, die darauf hinweisen, dass der Verstorbene einer Priesterfamilie angehörte, Palmzweige, die Verbundenheit mit dem Heiligen Land und Gerechtigkeit anzeigen, der Olivenbaum als Symbol für Segen, Gnade, Weisheit und Gottvertrauen, der Ölzweig im Schnabel einer Taube als Symbol für Frieden und Versöhnung. Auf Grabsteinen von Leviten findet sich häufig ein Krug oder eine Kanne als Hinweis auf das erbliche Levitentum. Der Davidstern, der als Symbol religiöser Identifikation gilt, findet sich erst, nachdem die jüdische Gemeinde in Prag ihn im 16. Jahrhundert in ihr Wappen aufnahm, auch auf Grabsteinen. Ein umgeknickter Baum oder eine gebrochene Rose verweist auf einen jung Verstorbenen.

1827 legte die Jüdische Gemeinde als Ersatz für den voll belegten Jüdischen Friedhof in der Großen Hamburger Straße einen neuen vor dem Schönhauser Tor an – außerhalb des damaligen Stadtgebiets, wie es seit 1794 vorgeschrieben war. Der neue Friedhof war ein Zeichen der Anpassung der emanzipierten Juden an die bürgerliche, christliche Gesellschaft: Er wurde von einem Christen, dem Berliner Stadtbaurat Friedrich Wilhelm Langerhans entworfen, der, den Gestaltungsprinzipien für christliche Friedhöfe folgend, großen Wert auf ästhetische Gestaltung der letzten Ruhestätte der Toten legte. Das Gelände ist an zwei Seiten von Wohnhäusern und -höfen umschlossen und macht nach Westen zur Schönhauser Allee hin durch eine repräsentative Mauer mit dem Haupteingang auf sich aufmerksam. Das annähernde Dreieck des Geländes wird durch ein Wegenetz gegliedert, das entlang der Friedhofsgrenzen und senkrecht zur Schönhauser Allee verläuft.

Den speziellen Anforderungen einer jüdischen Gemeinde entsprach das nach Jerusalem ausgerichtete Osttor, das zum sogenannten »Judengang« führte, einem rituellen Begräbnisweg, über den die Trauerprozession das Friedhofsgelände von hinten betrat. Die Grabgestaltung ist dagegen Beweis für die Veränderung der jüdischen Friedhofskultur. Waren jüdische Grabmale bisher durch Einheitlichkeit und Schlichtheit gekennzeichnet, entstand nun auch repräsentative Grabarchitektur, die den gesellschaftlichen Status ihrer Auftraggeber widerspiegelte. Die Einzelgräber und Erbbegräbnisse an den Hauptwegen belegen dies besonders eindrucksvoll. Eine Ehrenreihe wurde für Verstorbene angelegt, die sich in besonderem Maße für die Jüdische Gemeinde oder das Judentum eingesetzt hatten. Der größere Teil des Friedhofs bestand aber aus schlichten Gräbern mit Stelen und Obelisken.

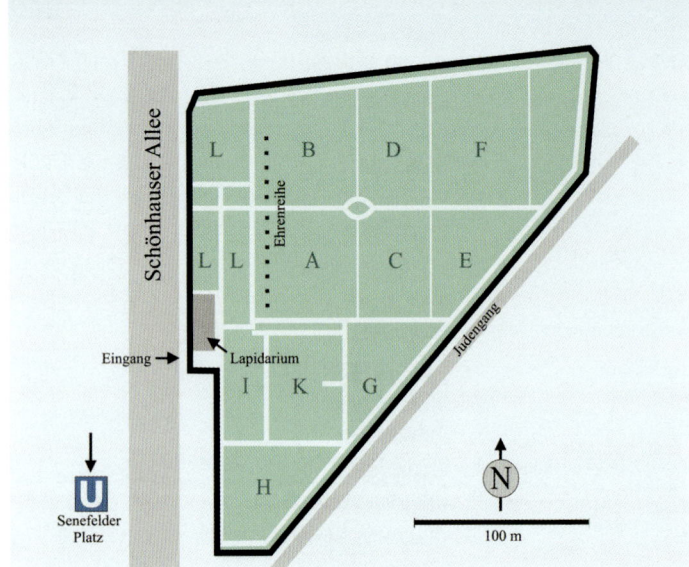

Jüdischer Friedhof Schönhauser Allee, Lageplan

Unter den 22 800 Einzelgräbern und 750 Erbbegräbnissen befinden sich Ruhestätten berühmter Berliner Persönlichkeiten aus Kunst, Wirtschaft, Wissenschaft und Politik. So fand im Erbbegräbnis der Familie Beer der Komponist Giacomo Meyerbeer (1791–1864) die letzte Ruhe. Auch der Maler Max Liebermann (1847–1935), Präsident der Preußischen Akademie der Künste, liegt in einer repräsentativen Familiengrabstätte. Liebermanns Witwe Martha fühlte sich nach dem Tode ihres Mannes für eine Emigration zu alt und blieb in Berlin, wo sie noch die Enteignung ihres Besitzes miterleben musste. Durch einen Schlaganfall seit 1942 ans Bett gefesselt, wurde sie am 5. März 1943 aufgefordert, sich zur Deportation bereitzuhalten. In dieser Situation entschloss sie sich zum Suizid durch Veronal und wurde auf dem Jüdischen Friedhof Weißensee bestattet. Erst seit 1960 ruht sie neben ihrem Ehemann in der Grabstätte Liebermann.

Gerson von Bleichröder (1822–1893), Hofbankier, Bankier der preußischen Regierung und Finanzberater Otto von Bismarcks – der übrigens als zweiter nicht getaufter Jude in Preußen 1872 in den erblichen Adelsstand erhoben wurde – hatte bei dem gefragten Bildhauer Reinhold Begas ein aufwändiges Familienmausoleum aus Carrara-Marmor bestellt. Wegen der außerordentlichen Kosten von 75 000 Mark allein für den ersten Entwurf

Schönhauser Allee, Judengang, 2012

entschied sich Bleichröder jedoch für ein schlichteres, aber ebenfalls geschmackvolles neobarockes Denkmal, das von einer prunkvollen Amphore geziert ist. Ein anderer hier bestatteter Bankier, Joseph Mendelssohn, der Sohn Moses Mendelssohns, war der Begründer des berühmten Bankhauses Mendelssohn. Der Verleger Leopold Ullstein (1829–1899) sowie der Begründer der modernen Judaistik (damals: Wissenschaft des Judentums), der Philologe Leopold Zunz (1794–1886), ruhen ebenfalls in repräsentativen Erbbegräbnissen.

James Simon (1851–1932), ein unverdientermaßen viel zu wenig bekannter Wohltäter Berlins, hat hier ein einfach gestaltetes, aus drei gleichartigen schwarzen Granitstelen bestehendes Familiengrab. Der Textilkaufmann Simon war um die Jahrhundertwende einer der reichsten Männer Berlins. Große Teile seines Einkommens verwendete er für soziale Zwecke und für die Förderung der Kunst. So finanzierte er z. B. die Ausgrabungen in Tell-el-Amarna in Ägypten und überließ den Berliner Museen die Porträtbüste der Nofretete wie auch Hunderte anderer Kunstwerke, die er als kenntnisreicher Kunstsammler zusammengetragen hatte.

Die fünf Hektar große Fläche des Jüdischen Friedhofs erwies sich wegen des enormen Bevölkerungsanstiegs in Berlin schon bald als zu klein

Grabstätte Simon, 2012

und so wurden ähnlich wie auf dem berühmten Jüdischen Friedhof in Prag Verstorbene zum Teil übereinander bestattet. Das schuf auf Dauer jedoch keine Abhilfe, deshalb wurde 1880 auch dieser Friedhof – wie schon sein Vorgänger, der Alte Jüdische Friedhof – für Grabbelegungen geschlossen. Lediglich auf den Erbbegräbnissen fanden auch weiterhin Beisetzungen statt.

In der Nazizeit wurde der Jüdische Friedhof zwar nicht gezielt zerstört, aber durch Vandalismus und Plünderungen in Mitleidenschaft gezogen, was auch nach dem Krieg noch anhielt. Auf dem Gelände standen früher einmal eine Brauerei und Meierei. Die Reste von Zisternen, in denen sich in den letzten Kriegswochen 1945 junge Deserteure versteckten, sind noch erhalten. Die Soldaten wurden jedoch von der Gestapo entdeckt und an den Friedhofsbäumen aufgehängt. Eine Gedenktafel mit den Worten: »Den Tod anderer nicht zu wollen, das war ihr Tod« erinnert daran.

Bei Bombenangriffen wurden die nahe dem Eingang in der Schönhauser Allee errichtete Feierhalle und die Leichenhalle zerstört. An ihre Stelle trat 2006 das Lapidarium, ein modernes Gebäude, das auf den Kellern der zerstörten Vorgängerbauten steht und zur Aufnahme der 85 Grabsteine dient, die abgeräumt wurden und ihrem originalen Aufstellungsort heute

Lapidarium auf dem Jüdischen Friedhof Schönhauser Allee, 2012

nicht mehr zugeordnet werden können. Informationen über den jüdischen Beerdigungsritus sind auf zehn Tafeln an der Längswand des Lapidariums angebracht.

Exkurs nach Weißensee

JÜDISCHER FRIEDHOF WEISSENSEE
Herbert-Baum-Straße 45, 13088 Berlin
S-Bhf. Greifswalder Straße, Tram-Station Albertinenstraße
Öffnungszeiten:
1.4.–30.9.: Mo–Do 7:30–17 Uhr, Fr 7:30–14:30 Uhr, So 8–17 Uhr
1.10.–31.3.: Mo–Do 7:30–16 Uhr, Fr 7:30–14:30 Uhr, So 8–16 Uhr
www.jewish-cemetery-weissensee.org

»Sie kamen hierher aus den Betten, aus Kellern, Wagen und Toiletten, und manche aus der Charité, nach Weißensee, nach Weißensee … Da, wo ich oft gewesen bin, zwecks Trauerei, da bringt man dich und mich dann hin, wenn's mal vorbei (...) Es tickt die Uhr. Dein Grab hat Zeit, drei Meter lang, ein Meter breit. Du siehst noch drei, vier fremde Städte, du siehst noch eine nackte Grete, noch zwanzig-, dreißigmal den Schnee – Und dann: Feld P – in Weißensee, in Weißensee«. Mit diesen Zeilen aus einem Gedicht Kurt Tucholskys alias Theobald Tiger, erschienen in der Weltbühne 1925, endet ein in vierjähriger Arbeit entstandener wunderschöner, lebendiger Friedhofsfilm: »Im Himmel, unter der Erde – Der Jüdische Friedhof Weißensee« von Britta Wauer. Er wurde 2011 auf der Berlinale erstmals gezeigt und mit dem Panorama Publikumspreis als bester Dokumentarfilm ausgezeichnet. Tucholsky kannte den größten jüdischen Friedhof Europas sehr gut – häufig besuchte er das Grab des früh an Syphilis gestorbenen Vaters.

Mehr als 2500 Schriftsteller, Journalisten und Literaten verließen Deutschland aus Angst vor Verfolgung aus rassistischen oder politischen Gründen entweder direkt nach der Machtübernahme Hitlers oder nach dem Reichstagsbrand bzw. der Bücherverbrennung am 10. Mai 1933. Der sozialistisch und pazifistisch gesinnte Tucholsky verließ Berlin bereits 1930. Tucholsky starb am 21. Dezember 1935 im schwedischen Exil an einer Vergiftung durch eine Kombination aus Rotwein und Schlaftabletten. Ob es ein beabsichtigter Suizid war oder ein Versehen, ein selbstverschuldeter Unfall, bleibt ungeklärt, ebenso wie der Verdacht, dass er von Nazis in der schwedischen Emigration umgebracht wurde. Auch die Nachforschungen bei seiner letzten Gefährtin Gertrude Meyer vermochten die Vorgänge in den letzten Lebenswochen und am Todestage nicht eindeutig aufzuklären. »Entsetzlich!«, beklagte Alexej Tolstoi Anfang 1936 Tucholskys frühen Tod. »Dieser Mensch hatte alle Chancen, der Heine des XX. Jahrhunderts zu werden!« Die Asche Kurt Tucholskys wurde im Sommer 1936 unter einer Eiche nahe Schloss Gripsholm im schwedischen Mariefred beigesetzt. Die Grabplatte mit der Inschrift »Alles Vergängliche Ist Nur Ein Gleichnis« aus Goethes »Faust II« wurde erst nach dem Ende des Zweiten Weltkrieges auf das Grab gelegt. Tucholsky selbst hatte 1923 unter seinem anderen Pseudonym Ignaz Wrobel folgenden Spruch für seinen Grabstein in Weißensee vorgeschlagen: »Hier ruht ein goldenes Herz und eine eiserne Schnauze – Gute Nacht – !«

Das rasante Wachstum Berlins im 19. Jahrhundert spiegelte sich auch in der Mitgliederzahl der Jüdischen Gemeinde wider, weshalb die Kapazität des Friedhofs in der Schönhauser Allee bereits nach 50 Jahren erschöpft war. Die Gemeinde bemühte sich nun um ein hinreichend großes Gelände

Jüdischer Friedhof Weißensee, Trauerhalle, 2012

und konnte 1875 das 40 Hektar große Grundstück in Weißensee erwerben. Der spätere Stadtbaudirektor von Leipzig, Hugo Licht, christlichen Glaubens wie der Erbauer des Jüdischen Friedhofs an der Schönhauser Allee, gewann den Architekturwettbewerb, von ihm stammt auch das Gebäudeensemble am Haupteingang. Die gelben Klinkerbauten im Stil der Neorenaissance, die sich um einen quadratischen Hof anordnen, beherbergen rechts die Friedhofsverwaltung mit dem bedeutenden Archiv, links das Taharahaus für die rituelle Leichenwaschung und, durch Arkadengänge damit verbunden, die Trauerhalle, welche die anderen Gebäude überragt.

Die Entwicklung der jüdischen Sepulkralkultur, die schon an der Schönhauser Allee sichtbar ist, setzt sich hier eindrucksvoll fort: Mächtige Mausoleen und Erbbegräbnisse zeugen von Bedeutung und Arriviertheit der Bestatteten, wohingegen die Verwendung hebräischer Schriftzeichen und Anlehnungen an die jüdische Begräbnistradition schwinden. Diese Entwicklung störte die konservativen Juden schon seit längerem und so gründeten sie 1869 die orthodoxe Israelitische Synagogen-Gemeinde (Adass Jisroel). Ihren eigenen Friedhof eröffnete die Gemeinde 1880, im selben Jahr, in dem auch der nahegelegene Jüdische Friedhof Weißensee seinen Betrieb aufnahm.

In der Zeit des Nationalsozialismus blieb der Friedhof zwar weitgehend verschont, dennoch waren gravierende Auswirkungen zu spüren: Die Zahl der Bestattungen erlebte 1942 einen Höhepunkt. Viele der Verstorbenen hatten Suizid begangen, weil ihnen ihre Situation angesichts der drohenden Deportation aussichtslos erschien. Auf einem Geländeteil, der zwar innerhalb der Einfriedung lag, aber nicht zum Friedhof gehörte, bestattete man heimlich diejenigen, die in der Illegalität gestorben waren. Da man sie nicht auf offiziellem Friedhofsgelände begrub, brauchte die Friedhofsverwaltung auch keine Meldung an die Behörden zu erstatten und konnte so Angehörige und Helfer schützen.

In der Gärtnerei wurde eine überproportional große Zahl von Friedhofsgärtnern ausgebildet – um sie aus dem Fokus der feindlichen Umwelt herauszunehmen und ihnen, falls die Auswanderung noch gelänge, einen Beruf mit ins Exil zu geben. Zeitweise arbeiteten 200 Gärtner auf dem Gelände. Auch versteckten sich Untergetauchte auf dem Friedhof, vom Grab des Kammersängers Joseph Schwarz weiß man, dass sich Flüchtige im Giebel des tempelartigen Grabmals über Nacht aufhielten. Sie mussten dazu die den Giebelraum nach unten abdeckende Milchglasscheibe beiseiteschieben und sich mit einem Klimmzug in den winzigen Dachraum hinaufhangeln. Bezeichnenderweise trägt das Grab die Inschrift: »Herr Gott du bist unsere Zuflucht für und für«.

Nach dem Krieg wurden die Bestattungen auf dem flächenmäßig größten jüdischen Friedhof Europas nahezu eingestellt, die Jüdische Gemeinde Ostberlins war auf etwa 500 Mitglieder geschrumpft. Das Gelände wurde vernachlässigt, die Gräber von Vegetation überwuchert und der Baufälligkeit anheim gegeben. Erst nach dem Mauerfall rückte der Friedhof wieder ins Licht der Öffentlichkeit, dringend notwendige Restaurierungsmaßnahmen begannen und zunehmend erfüllte er auch wieder seine originäre Aufgabe. 1992, zum Jahrestag der Befreiung von Auschwitz, stellte man in Gegenwart von Überlebenden des Konzentrationslagers eine Urne mit Asche aus Auschwitz auf, auch etwa 300 Urnen, die Verwandte der Ermordeten – per Nachnahme – aus den Vernichtungslagern erhalten hatten, wurden beigesetzt. Manche Familien ließen die Namen von ermordeten Angehörigen, deren Grabstätte unbekannt ist, mit auf ihre Grabsteine meißeln. Zum ersten Mal nach über 70-jähriger Pause wurden mit dem Verleger Gottfried Bermann Fischer (1995), dem Schriftsteller Stefan Heym (2001), dem Pianisten Jeffrey Burns (2004) und

Mausoleum Schwarz, 2012

dem Computerpionier Joseph Weizenbaum (2008) wieder Prominente in Weißensee bestattet.

Links von der Ehrenreihe des Friedhofs befindet sich das Grab des Publizisten Theodor Wolff, dessen Leben und Leiden prototypisch für das jüdische Großbürgertum im Deutschland des Kaiserreichs, der Weimarer Republik und der Zeit des Nationalsozialismus ist.

Mit 19 Jahren trat Theodor Wolff (1868–1943) in den Verlag seines Onkels, des Berliner Großverlegers Rudolf Mosse, ein, wo er das publizistische Handwerk erlernte. 1906 berief ihn Mosse zum Chefredakteur des »Berliner Tageblatts«, das sich unter ihm zum einflussreichsten Hauptstadtblatt neben der »Vossischen Zeitung« entwickelte. Das liberale Blatt hatte mit Alfred Kerr, Alfred Polgar, Joseph Roth und Hermann Bahr namhafte Mitarbeiter, Kurt Tucholsky redigierte bis 1922 die Beilage »Ulk« und George Grosz veröffentlichte seine gesellschaftskritischen Zeichnungen. Wolff war Radikaldemokrat, der sich vehement gegen die Bolschewisten und für Friedrich Eberts gemäßigten sozialdemokratischen Kurs aussprach. Durch seine Beteiligung an der Gründung der liberalen Deutschen Demokratischen Partei (DDP) trat er auch selbst aktiv in die Politik der Weimarer Republik ein. Wolffs liberale Haltung, seine Ablehnung des Zionismus, gepaart mit dem Glauben an eine »deutsch-jüdische Symbiose«, sein Kosmopolitismus und sein Eintreten für den deutsch-französischen Ausgleich machten ihn zum bevorzugten Hassobjekt der Nationalsozialisten. Nach dem Reichstagsbrand ging er zuerst in die Schweiz und, da er dort keine Aufenthaltserlaubnis erhielt, nach Südfrankreich ins Exil. In der Zwischenzeit wurde er vom Mosse-Verlag entlassen und seine Bücher wurden am 10. Mai 1933 öffentlich verbrannt. Im Exil betätigte sich Wolff literarisch, hielt sich dem politischen Kampf der Exilanten jedoch fern. Dennoch stand er weiterhin im Visier der Gestapo. Nach Frankreichs Niederlage gegen Deutschland versuchte er vergeblich, Exil in den USA zu erlangen. Am Vormittag des 23. Mai 1943 verhafteten ihn nach Südfrankreich vorgedrungene italienische Truppen im Auftrag der Gestapo und lieferten ihn an diese aus. Über das Marseiller Gefängnis und das französische Sammellager für Juden in Drancy kam der kranke und geschwächte 75-Jährige ins KZ Sachsenhausen. An Phlegmone erkrankt, verlegte man ihn auf Bitten seiner Mithäftlinge am 20. September 1943 ins Jüdische Krankenhaus in der Iranischen Straße. Nach einer zu spät genehmigten Operation starb er dort nach drei Tagen.

Eine Auswahl der hier bestatteten prominenten Persönlichkeiten

– Leo Baeck, (1873–1956), Rabbiner, Gedenkstein am Grab seiner Frau Natalie Baeck, (1878–1937) Baecks Grab ist in London.
– Jeffrey Burns, (1950–2004), US-amerikanischer Pianist
– Fanny Einstein, (1852–1926) und Rudolf Einstein, (1843–1927), Albert Einsteins Schwiegereltern
– Sally Epstein, (1907–1935), hingerichtet wegen angeblicher Mitwirkung am Attentat auf Horst Wessel
– Samuel Fischer, (1869–1934) Verleger, Gründer des S. Fischer Verlags
– Gottfried Bermann Fischer (1897–1995) Verleger
– Stefan Heym, (1913–2001), Schriftsteller
– Mathilde Jacob, (1878–1943), Vertraute von Rosa Luxemburg
– Adolf Jandorf, (1870–1932), Gründer einer Warenhauskette, u. a. KaDeWe
– Berthold Kempinski, (1843–1910), Weinhändler, Namensgeber der Kempinski-Hotelgruppe
– Rudolf Mosse, (1843–1920), Zeitungsverleger

- Werner Scholem, (1895–1940), Reichstagsabgeordneter KPD, im KZ ermordet (Gedenkstein)
- Joseph Schwarz, (1880–1926), Kammersänger
- Julius Stern, (1820–1883), Musikpädagoge (Stern'sches Konservatorium)
- Hermann Tietz, (1837–1907) Gründer der später Hertie genannten Warenhauskette
- Alex Tucholsky (1855–1905) und Doris Tucholsky (1869–1943 in Theresienstadt, Grab unbekannt), die Eltern von Kurt Tucholsky
- Else Ury, (1877–1943 in Auschwitz), Kinderbuchautorin
- Lesser Ury, (1861–1931), Maler und Grafiker
- Joseph Weizenbaum, (1923–2008), Computerpionier und Gesellschaftskritiker
- Theodor Wolff, (1868–1943), Schriftsteller und Journalist

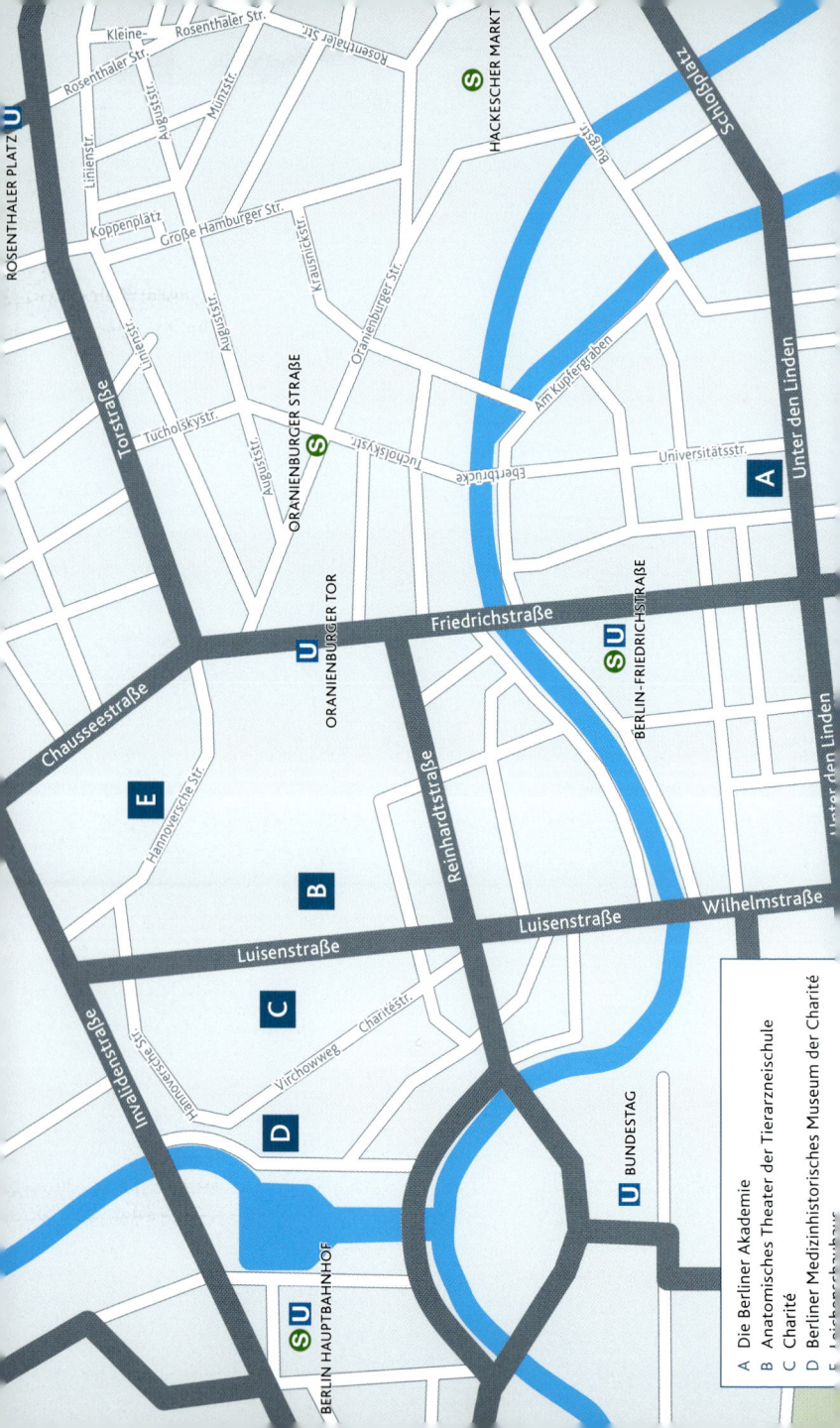

ROSENTHALER PLATZ

Kleine-
Rosenthaler Str.
Rosenthaler Str.
Rosenthaler Str.

Augusstraße
Linienstr.
Münzstr.

HACKESCHER MARKT

Schloßplatz

Koppenplatz
Große Hamburger Str.

Krausnickstr.

Oranienburger Str.

Burgstr.

Torstraße

Linienstr.

Tucholskystr.

Augusstr.

Augusstr.

ORANIENBURGER STRAßE

Tucholskystr.

Am Kupfergraben

Eberbrücke

Universitätsstr.

Unter den Linden

A

Chausseestraße

ORANIENBURGER TOR

U

Friedrichstraße

BERLIN-FRIEDRICHSTRAße

S U

E

Hannoversche Str

Reinhardtstraße

Unter den Linden

B

Luisenstraße

Wilhelmstraße

Luisenstraße

C

Charitéstr.

Virchowweg

Invalidenstraße

Hannoversche Str.

D

U BUNDESTAG

BERLIN HAUPTBAHNHOF

S U

A   Die Berliner Akademie
B   Anatomisches Theater der Tierarzneischule
C   Charité
D   Berliner Medizinhistorisches Museum der Charité
E   Leichenschauhaus

Wissenschaft

Gäule und Musen

DIE BERLINER AKADEMIE
Unter den Linden 8, 10117 Berlin
(U-Bhf. Französische Straße, S-Bhf. Friedrichstraße)

»Erst vor wenigen Monaten inthronisiert, verfügte der 25-jährige König Friedrich Wilhelm I. (1688–1740; König seit 1713) per Cabinets-Ordre mit Datum vom 26. November 1713 die Eröffnung eines Königlichen Theatrum anatomicum. Bereits drei Tage später drängelten sich an die 100 professionelle Heilkundler unterschiedlicher Couleur vom Arzt bis zum Wundarzt III. Klasse und Feldscher sowie eine handvoll interessierte Laien, um einen günstigen Platz für die erste Sektion einer menschlichen Leiche in der Residenz- und Hauptstadt des Königreiches Preußen zu ergattern. Eingeladen hatte zu dieser von der Öffentlichkeit gleichermaßen als Spektakel und Gotteslästerung empfundenen wissenschaftlich-medizinischen Lehr- und Demonstrationsveranstaltung der namhafte Anatom Christian Maximilian Spener (1678–1714). Der ließ den Sektionstisch gewissermaßen als Katheder herrichten, um dem Publikum mit offiziell erteilter behördlicher Genehmigung den Blick in das Innere des Menschen zu gewähren, Blutgefäße und Nervenbahnen freizulegen sowie Muskeln und Sehnen, Gelenke und Knochen zu demonstrieren.« (Aus: Bernhard Meyer: *29. November 1713 – Erste Sektion einer Leiche in Berlin.* Berlin 1997)

Im Jahre 1700 gründete der brandenburgische Kurfürst Friedrich III. die Kurfürstlich-Brandenburgische Societät der Wissenschaften. Diese wurde 1701, nach seiner Krönung zum ersten König in Preußen, in Königlich Preußische Sozietät der Wissenschaften umbenannt. Erster Präsident war ihr Initiator Gottfried Wilhelm Leibniz. Im Gegensatz zu Akademien anderer Länder musste sich diese selbst finanzieren, sie erhielt dafür ein Monopol

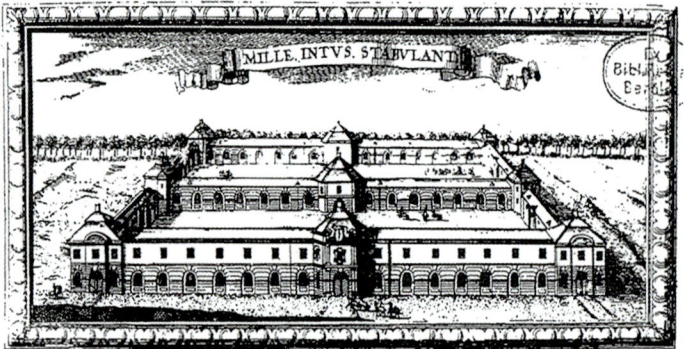

Berliner Akademie, um 1700

auf Herstellung und Verkauf der Kalender im Kurfürstentum Brandenburg. Es dauerte elf Jahre, bis die Akademie ihre Arbeit aufnehmen konnte, ihren Sitz nahm sie im Obergeschoss des Marstalls Unter den Linden, der dafür eigens aufgestockt worden war. Leibniz kommentierte das spöttisch auf einer Tafel am Gebäude: »Mulis et Musis« (den Mulis und Musen), die leider 1743 einem Brand zum Opfer fiel.

1717 baute man im Akademiegebäude ein Theatrum Anatomicum ein, 1723 wurde das Collegium Medico-Chirurgicum gegründet; dies war der Beginn der wissenschaftlichen Ausbildung der Ärzte in Berlin. Zur chirurgischen Ausbildung sämtlicher Medizinalberufe wurde in diesem Jahre ein Anatomieprofessor bestellt. Ab jetzt stand das Gesundheitswesen in Preußen unter der Aufsicht des »Collegium Medicum«: neben den akademisch ausgebildeten Ärzten und Apothekern auch die in Zünften organisierten Bader und Barbiere sowie das gesamte Heilpersonal. Das Medizinaledikt vom 27. September 1725 ordnete in Preußen an, dass die Barbiere und Bader sich in der Praxis eines »Gott wohlgefälligen, nüchternen und eingezogenen mäßigen Lebens befleissigen sollten, damit sie jederzeit bei (sich) begebenden Fällen tüchtig sein mögen, ihren Nächsten mit ihrer Kunst und Wissenschaft zuträglich und mit Verstande (zu) dienen, sei es bei Tag oder Nacht, (…) auch in vorkommender Pest und Sterbenszeiten, da Gott vor sei, wenn sie beordert werden, in die Lazareten zu gehen.«

Unter Wilhelm von Humboldt als Leiter der preußischen Unterrichtsverwaltung erfolgte die Gründung der Berliner Universität (1810), aus deren Professorenschaft sich fortan der überwiegende Teil der Ordentlichen

Akademiemitglieder rekrutierte. Die Ausbildung der Mediziner wurde nun von der Universität übernommen. (Die Ausbildung der Militärärzte erfolgte allerdings – deutlich praxisbezogener – an der Charité und der Pepinière, der Militärärztlichen Akademie.) Das Theatrum Anatomicum in der Akademie verlor dadurch mehr und mehr an Bedeutung und verschwand schließlich vollends, als man das marode Akademiegebäude für den 1913/14 errichteten Neubau der Staatsbibliothek Unter den Linden 8 abriss. Ein historisches Theatrum Anatomicum ist glücklicherweise bis heute erhalten geblieben: das anatomische Theater der Tierärztlichen Hochschule von 1790 (s. folgendes Kapitel).

Wir folgen der Straße Unter den Linden in westlicher Richtung, bis wir rechts in die Wilhelmstraße einbiegen, die nach dem Überqueren der Spree zur Luisenstraße wird. Wir folgen der Luisenstraße und erreichen nach 400 Metern auf der rechten Seite das Anatomische Theater der Tierarzneischule.

Der Trichinentempel

ANATOMISCHES THEATER DER TIERARZNEISCHULE
Luisenstraße 56, 10117 Berlin
U-Bhf. Oranienburger Tor, S-Bhf. Hauptbahnhof

Was hat das Brandenburger Tor mit dem »Trichinentempel«, dem Anatomischen Theater der Tierarzneischule, zu tun? Das Brandenburger Tor, Berlins Wahrzeichen, ist eine Schöpfung des klassizistischen Baumeisters Carl Gotthard Langhans (1732–1808). Obwohl er mit Schlosstheater und Belvedere in Charlottenburg, dem Anatomischen Theater der Tierärztlichen Hochschule und dem Turmaufsatz der Marienkirche viele bedeutende Bauwerke in Berlin hinterlassen hat, zählt er dennoch nicht zu den berühmten Architekten Berlins. Sein Ruhm wird durch die Berliner Klassizisten Gilly, Schinkel und Stüler überstrahlt, die schon der nächsten Generation angehören. Das mag daran liegen, dass er, obwohl in höchsten preußischen Bauämtern tätig, nicht zu den stilprägenden Baumeistern gehörte. Weder entwickelte er einen eigenen

Stil, noch war er maßgeblich an einer Stilentwicklung beteiligt. Sein Stil-repertoire reichte von der Hochrenaissance über den Barock zum Klassizismus. Oft finden sich auch Mischungen mehrerer Baustile in seinen Werken, womit er den Eklektizismus des späten 19. Jahrhunderts vorwegnimmt. Beim Turmaufsatz der Marienkirche verwendete er als einer der ersten Architekten des europäischen Festlandes die Neogotik. Trotz der ihm z. B. von Gottfried Schadow vorgeworfenen mangelnden Originalität haben seine Werke einen eigenen Reiz und werden heute weithin geschätzt.

An der Luisenstraße 56 und auf dem ausgedehnten rückwärtigen Parkge-lände ließ Friedrich Wilhelm II. ab 1787 nach den Plänen des Oberbaudi-rektors Carl Gotthard Langhans alle nötigen Bauten für eine »Vieh Arzney Schule« errichten. Auf dem westlich der Panke liegenden Gartengelände erbaute Langhans 1790 das noch heute bestehende Anatomische Thea-ter, auf der östlichen Seite entstanden die Wirtschafts- und Stallgebäude sowie das Wohn- und Lehrgebäude. Die Schule wurde am 1. Juni 1790 eröffnet.

Das Anatomische Theater entstand zeitgleich mit Langhans' berühm-testem Bauwerk, dem Brandenburger Tor. Es ist das älteste erhaltene

Anatomisches Theater der Tierarzneischule, 2012

Anatomisches Theater, Inneres

Gebäude der Königlichen Tierarzneischule und wurde auf dem Grundriss eines griechischen Kreuzes errichtet. Damit nahm der Architekt Bezug auf italienische Renaissancevillen wie Palladios Villa Rotonda bei Vicenza und das Anatomische Theater in Padua. Ursprünglich diente der Bau als Forschungsstelle für Pferdekrankheiten, um die Preußische Kavallerie effizienter zu machen. Nach dem Verlust aller älteren Anatomischen Theater ist es das einzig verbliebene historische Gebäude dieser Art in Berlin. Im Volksmund trug es den Namen Trichinentempel. Im Inneren des Hörsaals steigen die Sitzreihen wie in einem Amphitheater an. Der Raum ist mit einer flachen Kuppel gedeckt, die durch ihre raffinierte Ausmalung (eine plastische Gliederung vortäuschend) wesentlich höher wirkt. Pferdeschädel – entsprechend den antiken Bukranien – sind über den großen Fenstern des Saales aufgemalt, dazwischen befinden sich Tierszenen, allesamt Werke von Bernhard Rode. Im Saalboden des Erdgeschosses gab es eine Öffnung, durch die ein Hubtisch die Tierkadaver aus dem darunter gelegenen Präpariersaal in den Vorlesungsraum befördern konnte.

Tierarzneischule, 2012

Die »Stiftung Anatomisches Theater« hat sich die Wiederherstellung dieses architektonischen Kleinods zur Aufgabe gemacht. Das Helmholtz-Zentrum für Kulturtechnik (HZK) und die Humboldt-Universität wollen das Gebäude und die umliegenden Räume zukünftig als öffentliche Vortrags- und Veranstaltungsstätte sowie als Ausstellungsraum der universitären Sammlungen nutzen. Davor steht jedoch die Restaurierung des wertvollen Baudenkmals. Die Gesamtkosten für eine umfassende Sanierung belaufen sich nach ersten Schätzungen auf ca. 4,5 Millionen Euro. 2011 konnte ein Abschnitt der Außenrenovierung abgeschlossen werden, sodass man nun einen Eindruck von der historischen und künftigen Farbigkeit der Fassade des Anatomischen Theaters gewinnen kann. Sicherlich wird die komplette Sanierung noch mehrere Jahre dauern.

1840 entstand ein neues Lehrgebäude der Tierarzneischule, um den wachsenden Ansprüchen von Forschung und Lehre gerecht zu werden. Der Schinkel-Schüler Ludwig Ferdinand Hesse erbaute es im spätklassizistischen Stil. Das dreigeschossige Gebäude ist mit Mittelbau und Seitenflügeln palaisartig zur Luisenstraße angeordnet. Die symmetrische Fassade des Mittelbaus ist dreigeschossig und weist höhere Geschosse für die repräsentativen Bereiche auf. Der Mittelbau wird durch die großen

Rundbogenfenster in zwei Geschossen zusätzlich betont. Beeindruckend sind zwei Säle im zweiten Obergeschoss mit prächtigen Wand- und Deckenmalereien. Die Tierarzneischule gehört zu den bedeutendsten Gebäuden des Klassizismus, die in Berlin erhalten sind.

> Von hier aus ist es nur ein kurzer Weg zur Charité, die in Sichtweite liegt. Wir folgen der Luisenstraße in nördlicher Richtung. Kurz vor dem prägnanten Bettenhaus der Charité ist linkerhand der Eingang zum Charitégelände.

3

Vom Pesthaus zur Nobelpreis-Schmiede

CHARITÉ
Charitéplatz 1, 10117 Berlin
U-Bhf. Naturkundemuseum, S-Bhf. Hauptbahnhof
www.charite.de

Beim Studium zur Geschichte der Schmerzlinderung mit Opiaten, aber auch zur Frage »Euthanasie bei unerträglichem Leid« stößt man in Verbindung mit einem Landarzt aus dem Kreis Aachen auf den Namen des vor mehr als 200 Jahren an der Charité lehrenden Chirurgen Christian Ludwig Mursinna (1724–1823). Beide gelten als die ersten Ärzte, die öffentlich mit der Ablehnung der aktiven ärztlichen Sterbehilfe brachen und diese auch durchführten – was Christoph Wilhelm Hufeland, einen ebenfalls an der Charité lehrenden Arzt, zu einem sehr beachteten Beitrag im »Journal der practischen Arzneykunde und Wundarzneykunst« veranlasste, in dem er die für viele Ärzte auch heute noch leitende Haltung zur Euthanasie darstellte, nämlich dass der Arzt »nichts zu tun habe, wodurch das Leben eines Menschen verkürzt werden könne«. Mursinna erlebte bei der Behandlung eines an Zungenkrebs leidenden Offiziers die Grenzen der damaligen Behandlungskunst, sodass ihn der Patient flehentlich darum bat, mit der Behandlung aufzuhören und den Tod zu beschleunigen. Der Mann starb einige Monate später. Mursinna schreibt dazu: »Er wäre noch später, obgleich immer gewiss, und auf eine unbeschreiblich schmerzhafte, schreckliche Art gestorben, wenn ich ihn [sic] nicht so häufig Opiate gegeben, und dadurch seine unbeschreiblichen Leiden gemildert und seine Ende befördert hätte«.

Nach dem Ende des Siebenjährigen Krieges (1756–1763) wurde Christian Ludwig Mursinna mit der Verlegung von 200 Verwundeten nach Berlin betraut. Als er schließlich nach drei Wochen dort ankam, waren inzwischen alle Stellen bei den Regimentern vergeben, sodass er seinen Abschied erhielt. Zusammen mit zwei anderen Chirurgen wohnte er vor den Toren der Stadt und schlug sich mit dem Verkauf seiner medizinischen Aufzeichnungen durch. Letztendlich musste er eine Arbeit in einer Barbierstube annehmen. Nebenbei qualifizierte er sich sozusagen auf dem zweiten Bildungsweg weiter zum Arzt, in dem er Vorlesungen über Physik, Chirurgie, Physiologie und andere Disziplinen besuchte, solange ihm das Vorlesungsgeld erlassen wurde.

Eine Anstellung als dirigierender Wundarzt an der Charité und Arzt am Invalidenhaus erfolgte im Jahre 1775. Mit dieser Tätigkeit begannen seine praktischen Erfahrungen als Arzt, Wundarzt und Geburtshelfer.

Eine Pestepidemie in Osteuropa, die schon die Provinz Preußen teilweise entvölkert hatte und nun auch die Mark Brandenburg und Berlin bedrohte, gab den Anlass zur Gründung eines Lazarethauses vor dem Spandauer Tor, außerhalb der Stadtmauern, mit dessen Bau man 1710 begann. Da die Epidemie ausblieb, diente es zunächst auch als Arbeitshaus (»Spinnhaus«) für Arme, Bettler, unehelich Schwangere und Prostituierte, sowie als Garnisonlazarett. 1727 bestimmte es Friedrich Wilhelm I. zum Bürgerhospital, welches »als ein öffentliches Werk der christlichen Liebe, Gutthat und Mildthätigkeit«, den Namen »Charité« bekam. Es war ein quadratisch angelegtes, zweistöckiges Gebäude mit einer Länge von 48 Metern, bei dem die Angestellten des Hospitals im Erdgeschoss wohnten und die Kranken, nach Männern und Frauen getrennt, im Obergeschoss. Von Anfang an war es gleichzeitig auch für Lehre und Forschung zuständig, schon 1713 hatte man ein Theatrum Anatomicum eingebaut und das Haus zur Ausbildungsstätte von Militärärzten bestimmt. In den folgenden Jahren expandierte die Charité immer weiter und durch den Bau der neuen Akzisemauer lag sie jetzt auch innerhalb des Stadtgebiets.

Auch als 1810 die Berliner Friedrich-Wilhelm-Universität gegründet und die Medizinausbildung von der Akademie dorthin verlegt wurde, behielt die Charité ihre Bedeutung als medizinische Lehrstätte. Nach wie vor erfolgte hier die Ausbildung der Militärärzte und Militärchirurgen praxisorientiert »am Krankenbett«, während die Ausbildung an der Universität mehr theoretisch-allgemeinbildend war, entsprechend dem Bildungsideal Wilhelm von Humboldts. Der bedeutende Mediziner Hufeland sah die Vorteile der praxisorientierten Ausbildung und erstrebte eine Verbindung von Charité und Universität. Trotz der anhaltenden institutionellen Trennung beider Einrichtungen errichtete die Universität eigene Kliniken auf dem Charité-Gelände.

Von 1896 bis 1917 wurde die Charité durch großzügige Um- und Neubauten vergrößert. Die in ro-

Charité, 1740

tem Backstein ausgeführten Bauten haben den Krieg überstanden und stehen heute unter Denkmalschutz. Ihr höchstes Ansehen genoss die Charité zwischen 1870 und 1918. Ihr Name war durch herausragende Persönlichkeiten international bekannt, so etwa durch die Wissenschaftler Rudolf Virchow, Hermann von Helmholtz, Robert Koch, Emil von Behring, aber auch durch ärztliche Experten wie Ferdinand Sauerbruch, Ernst von Bergmann, Albrecht von Graefe, Karl Bonhoeffer, August Bier, Johann Friedrich Dieffenbach, August von Wassermann, Emil Fischer und viele andere. Von den bisher mit dem Nobelpreis für Physiologie und Medizin ausgezeichneten 20 Wissenschaftlern aus Deutschland wirkten zehn an der Charité. Es sind Emil von Behring (Nobelpreis 1901), Robert Koch (Nobelpreis 1905), Paul Ehrlich (Nobelpreis 1908), Albrecht Kossel (Nobelpreis 1910), Otto Warburg, (Nobelpreis 1931), Hans Spemann (Nobelpreis 1935), Ernst Boris Chain (Nobelpreis 1945), Hans Adolf Krebs (Nobelpreis 1953), Fritz Albert Lipmann (Nobelpreis 1953) und Werner Forßmann (Nobelpreis 1956).

Bis ins erste Drittel des 20. Jahrhunderts hatte die Charité eine weltweit führende Rolle und Vorbildfunktion in der Medizin. Diese konnte durch Nationalsozialismus, Krieg und Kommunismus nicht fortgeführt werden, obwohl in der DDR ein neues, gigantisches Bettenhaus errichtet wurde. Es bleibt eine Herausforderung für das wiedervereinigte Berlin, an die

Charité, Gebäude vom Anfang des 19. Jahrhunderts, 2012

glanzvolle Tradition der alten Charité anzuknüpfen. Ein erster Schritt ist die Zusammenfassung aller Universitätsklinika unter dem Dach der Charité. Der nachfolgende Bericht aus »Die Gartenlaube« von 1858 gibt dem Zeitgenossen einen Einblick, wie das Bürgertum vor 150 Jahren die Charité und insbesondere das Leichenschauhaus wahrnahm.

»Das Leichenhaus der Charité

Wenden wir uns von dem Waschhause nach der rechten Seite, so gelangen wir zu einem neuen, eleganten Gebäude, dessen Bestimmung der Leser nur schwer errathen dürfte. Es ist dies das vor kurzer Zeit erst erbaute ›Leichenhaus‹ mit einer musterhaften inneren Einrichtung. Zum Nutzen der Lebenden werden hier die meisten Todten hergebracht und secirt, um den Grund ihrer Krankheit, die geheimen Ursachen und die organischen Veränderungen zu entdecken.

Selbst an diesem Orte begegnen wir einer doppelt merkwürdigen Sauberkeit und Reinlichkeit. Kein unangenehmer Geruch, kein verletzender Anblick beleidigt uns. Es ist Alles aufgeboten, um das Schreckliche zu mildern, das entsetzliche Bild des Todes zu verhüllen. Die Todten liegen in einem kühlen Keller; nur der zur Section bestimmte Leichnam ruht auf einem Tische; durch Zufluß von frischem Wasser werden alle blutigen Spuren sogleich beseitigt. Die zur Untersuchung bestimmten Organe und Materien kommen in das mit dem Leichenhause verbundene Auditorium oder in das physiologische Laboratorium, welches von dem genialen Professor der Pathologie Virchow, geleitet wird. Hier stehen eine Menge von Mikroskopen in einem großen Saale, wo den Studirenden die Gelegenheit geboten wird, sich in derartigen Untersuchungen zu üben und zu vervollkommnen. Damit ist zugleich ein chemisches Cabinet verbunden, wo die organischen Stoffe geprüft und analysirt werden. Auf diese Weise steht selbst der Tod im Dienste des Lebens und der Wissenschaft; die Zerstörung muß zur Wohlthat werden und bereichert den Schatz unserer Erkenntniß. Nur zuweilen wird das Leichenhaus ein Schauplatz des Grauens und der Furcht, da es auch zur Aufbewahrung der Ermordeten und zur Ausstellung unbekannter Selbstmörder und Verunglückter dient. Hier findet die Mutter ihr vermißtes und ertrunkenes Kind wieder und wirft sich jammernd über die kleine Leiche; oder jene arme Frau, der das Elend aus den eingesunkenen Augen und den hohlen Wangen schaut, erkennt unter den Todten nach ängstlichem Suchen den Körper ihres Mannes, der sich vor Verzweiflung, weil er nicht länger die Noth der Seinigen ertragen konnte, mit einem Pistolenschusse das Gehirn zerschmettert hat. Hier steht der Mörder seinem Opfer gegenüber und zittert, wenn er die blutige Wunde sieht, die ihn laut seines Verbrechens anklagt. Er bricht zusammen bei dem Anblick und gesteht seine That, die ihn auf das Blutgerüst führen wird. – Das sind die Mysterien und Tragödien des Berliner Leichenhauses.«

 Das Medizinhistorische Museum befindet sich auf dem Gelände der Charité und ist über den Virchowweg zu erreichen.

Krankheit als Exponat

BERLINER MEDIZINHISTORISCHES MUSEUM DER CHARITÉ
Charitéplatz 1, 10117 Berlin
U-Bhf. Naturkundemuseum, S-Bhf. Hauptbahnhof
Öffnungszeiten: Di, Do, Fr, So 10–17 Uhr, Mi, Sa 10–19 Uhr
www.bmm-charite.de

Am Abend des 4. Januar 1902 wurde der Schutzmann Bruno Schlieske, der vor dem Kaufhaus Wertheim am Leipziger Platz auf Patrouille war, von Passanten zur Straßenbahnhaltestelle Leipziger Straße, Ecke Wilhelmstraße gerufen, weil »ein kleiner alter Herr« beim Aussteigen auf dem nassen Asphaltpflaster gestürzt war. Der Polizist kannte den alten Herrn nicht, notierte aber, dass die Umstehenden vom »Geheimrat« gesprochen hätten. Er brachte ihn mit einer Pferdedroschke in seine Wohnung in der Schellingstraße und trug ihn mit Hilfe des Portiers und Droschkenkutschers die Treppen hinauf in den zweiten Stock, Letzterer wegen des Fahrpreises von 60 Pfennigen, die der Geheimrat auch bezahlte. Der »kleine alte Herr« war Geheimrat Professor Rudolf Virchow, der zur damaligen Zeit berühmteste Arzt Deutschlands. Er starb am 5. September 1902 an den Folgen der bei dem Sturz erlittenen Schenkelhalsfraktur. Am 9. September wurde der Ehrenbürger von Berlin nach einer Trauerfeier im Rathaus zu seiner letzten Ruhestätte auf dem alten St. Matthäi Friedhof in Schöneberg geleitet. Die »Berliner Klinische Wochenschrift« berichtete darüber in einer redaktionellen Mitteilung:

»Den großartigsten Eindruck machten die ungezählten Tausende, die zu Seiten des langen Weges vom Rathaus bis zum Friedhof den Trauerzug dicht gedrängt in schweigender Ehrfurcht an sich vorüberziehen ließen. Es war nicht die blöde Schaulust, die die Leute sammeln und ausharren ließ, denn an dem schlichten bürgerlichen Trauergefolge war nichts was die Menge besonders reizen konnte, sondern das Empfinden: Hier wird ein Großer im Reiche des Geistes zu Grabe getragen, wir werden sobald nicht seines Gleichen sehen.«

Als Begründer der modernen Pathologie gilt Rudolf Virchow, der wesentlich dazu beitrug, Krankheiten und Todesursachen auf der Grundlage der Untersuchung von »Nicht mehr Lebendigem« zu erklären: »(D)ie Krankheit hat keine andere Einheit als das Leben, von dem sie eine besondere Art darstellt, nämlich die einheitlich lebende Zelle. Sie ist gewissermaßen die Person des Lebens im Gesunden sowohl als auch im Kranken, und wenn Paracelsus vorahnend von einem Leib der Krankheit gesprochen hat, so können wir jetzt sagen, die Zelle sei dieser Leib.« Erstmals wurden von ihm unter dem Begriff der »Nekrobiose« morphologische Veränderungen beschrieben, die unter bestimmten Bedingungen den Zelltod zur Folge haben, Veränderungen, die heute als »Apoptose« bezeichnet werden und große therapeutische Bedeutung haben, wobei sich der Begriff »Apoptose« schon bei Hippokrates findet. Rudolf Virchow war aber nicht nur Pathologe, sondern auch ein Mensch, der die soziale Dimension der Medizin sehr früh erkannte und immer hervorhob. Sehr deutlich wies er darauf hin, dass die Medizin eine soziale Wissenschaft ist und »Politik nichts weiter als Medizin im Großen«.

Auf dem Karlplatz vor der Charité befindet sich das neoklassizistische Denkmal für Rudolf Virchow von Fritz Klimsch, das die Stadt Berlin unmittelbar nach dem Tod des berühmten Pathologen in Auftrag gab. Es soll in allegorischer Form den Kampf des Guten gegen das Böse, des Lebens gegen den Tod, aber auch des entschlossenen Mannes gegen das sphinxhaft Weibliche symbolisieren. Begibt man sich durch den Eingang Charitéplatz zum Medizinhistorischen Museum (es gibt noch zwei weitere im Norden des Geländes), so gewinnt man auf dem Virchowweg einen guten Eindruck von den Charitégebäuden des 19. Jahrhunderts.

Beim grundlegenden Neubau der Charité ab 1896 war das pathologische Museum das erste fertiggestellte Gebäude, es wurde 1899 eröffnet und bereits 1901 der breiten Öffentlichkeit präsentiert. Das zeigt die Bedeutung, die man der erst 1856 als ordentliches Lehrfach etablierten Pathologischen Anatomie und Allgemeinen Pathologie (Pathophysiologie) nach Rudolf Virchows 40-jähriger Tätigkeit mittlerweile beimaß. Virchows Wirken hatte großen Einfluss auf die gesamte naturwissenschaftliche Medizin des 19. Jahrhunderts. Schon kurz nach der Lehrstuhlübernahme hatte er mit 1500 aus dem »Pathologisch-anatomischen Cabinet« übernommenen Präparaten die Grundlage für die Museumssammlung gelegt. Im Laufe seines Berufslebens wuchs die Sammlung aus konservierten Skeletten, Trocken- und Nasspräparaten, von kranken Knochen und Organen sowie fehlgebildeten Körperteilen von Neugeborenen bzw. Föten sowie anthropologischen Objekten bis 1890 auf ca. 19 000 Präparate an, für die die Räume des Pathologischen Instituts nicht mehr genügend Platz boten. Dadurch bekam der Neubau für die als umfangreichste und bedeutendste ihrer Art in der Welt angesehene Präparatesammlung eine hohe Priorität. Bei der Eröffnung zählte die Sammlung schließlich 20 833 Exponate. In dem Entwurf eines Gesamtkatalogs für die 1901 geplante Herausgabe des Museumsführers, der leider nicht fertiggestellt wurde, sind knapp 26 000 Präparate aufgelistet. Allerdings vernichtete ein Brand schon im Jahre 1901 eine Vielzahl unersetzlicher Stücke. Es war Virchow ein großes Anliegen, diese Sammlung nicht nur Wissenschaftlern und Studenten zugänglich zu machen, sondern sie auch der Aufklärung eines »grossen Publicums« zu widmen. Die Ausstellung medizinischer Präparate sollte für Forschung, Lehre und Allgemeinbildung gleichermaßen eine wichtige Rolle spielen. Seine Idee war es, die damals bekannten Krankheiten an ihrem Entstehungsorgan sowie an den Organen, die befallen werden könnten,

Medizinhistorisches Museum, Außenansicht

zu dokumentieren sowie die charakteristischen Stadien des Krankheits-
verlaufs zu zeigen.

Die Ausstellungsfläche des pathologischen Museums (2000 Quadrat-
meter) gliederte sich in drei Geschosse für die Lehr- und Studiensamm-
lung sowie in zwei Ausstellungsebenen, die als Schausammlung für die
Öffentlichkeit dienten. Bei Bombenangriffen im Zweiten Weltkrieg wurde
das gesamte Charité-Gelände schwer in Mitleidenschaft gezogen. Auch
das Museumsgebäude bekam einen Bombentreffer ab, der den Hörsaal
zerstörte und die Sammlung erheblich dezimierte. Erst in den 1980er Jahren kam es wieder zur Ausstellung einiger Objekte: Schauvitrinen wurden
auf den Gängen des Instituts für Pathologie sowie im wiederaufgebauten
Museumsgebäude aufgestellt und mit erhalten gebliebenen Exponaten
bestückt.

Nach der deutschen Wiedervereinigung veränderte sich die Organisa-
tionsform der Charité, es bestand aber nach wie vor der Wille, die mittlerweile wieder auf etwa 14 000 Präparate angewachsene pathologische
Sammlung museal zu präsentieren – wenn auch mit neuem Namen und
Konzept. 1998 wurde sie unter der Bezeichnung »Berliner Medizinhistorisches Museum der Charité« wiedereröffnet und verdeutlicht die Entwick-

Medizinhistorisches Museum, Präparatesaal

lung der Medizin in den letzten drei Jahrhunderten – auch bezogen auf die Charité. 2011 erregten Überlegungen der Charité über eine Schließung, einen Trägerwechsel oder eine Fusion mit einem anderen Museum bis hin zur Finanzierung durch private Sponsoren Aufsehen. Der Betrieb eines Museums zähle schließlich nicht zu den Kernaufgaben einer Uniklinik. Mittlerweile ist man davon wieder abgerückt – wohl auch angesichts einer Zahl von 100 000 Besuchern jährlich.

Die Exponate dieses Museums sind nichts für zarte Gemüter: Wachsplastiken von Hauterkrankungen, in Alkohol eingelegte medizinische Präparate wie schwarze Diabetiker-Füße, von Krebs befallene Organe oder der Wurmfortsatz von Reichspräsident Friedrich Ebert, zerfressene Lungen sowie ein verstopfter Darm, der binnen weniger Wochen auf 60 Kilogramm Gewicht angewachsen war und seinen Besitzer – einen 32-jährigen Berliner – von innen erdrückte. Die noch auf Virchow zurückgehende Kollektion missgebildeter, nicht lebensfähiger Föten macht einen besonders makabren Eindruck: Im Stile des (späteren) »Plastinators« Gunter von Hagens werden in großen Glasgefäßen janusköpfige, zyklopische, hydrocephale oder acephale Föten in arrangierten Posen gezeigt. Für Virchow stand hinter dieser Präsentation ein aufklärerischer Ansatz: Durch die Zellularpathologie war die Wissenschaft in der Lage, diese Missbildungen zu erklären, sie hatten somit nichts Dämonisches oder Teuflisches mehr an sich.

Der Hörsaal des einstigen Pathologischen Museums wurde Ende des Zweiten Weltkrieges durch Fliegerbomben zerstört und in den Nachkriegsjahren nur notdürftig wiederhergestellt. Bewusst im ruinösen Zustand belassen, aber mit moderner Technik ausgestattet, ist der Raum seit Mitte der 1990er Jahre ein Ort für festliche Ereignisse, gesellschaftliche Zusammenkünfte und wissenschaftlichen Austausch.

> Aus dem Medizinhistorischen Museum kommend halten wir uns links und verlassen das Charitégelände in Richtung Hannoversche Straße. Auf der gegenüberliegenden Seite dieser Straße befindet sich nach ca. 450 Metern das alte Leichenschauhaus.

Makabres Schauspiel

LEICHENSCHAUHAUS
Hannoversche Straße 6, 10115 Berlin; U-Bhf. Oranienburger Tor

Die Neugierde der Menschen, durch das Öffnen eines Leichnams Erkenntnisse zu erlangen, lässt sich weit zurückverfolgen. So wurden bei den Ureinwohnern Samoas, im alten Ägypten und auch in Mesopotamien Leichenöffnungen durch Priesterärzte vorgenommen, in anderen Kulturen dagegen, z.B. im alten China oder in Griechenland, standen dieser Praxis religiöse Auffassungen entgegen. Hippokrates sah die Sektion von Leichen nicht als ärztliche Aufgabe an. Im »Sachsenspiegel«, dem ältesten Rechtsbuch des Mittelalters, war das Begraben der Leiche ohne »äußere Leichenschau«, d.h. die Besichtigung durch einen Richter, verboten. Schon im 13. Jahrhundert hat es gerichtliche Leichenschauen gegeben. Papst Bonifatius VIII. erließ 1299 die Bulle De supulturis über die Praxis der inneren Leichenschau. Durch die Wirren der Kriege und Epidemien in den folgenden Jahrhunderten geriet das Leichenschauwesen allerdings wieder in Vergessenheit. Rechtsverordnungen, die zu hohen Obduktionszahlen führten, finden sich erst wieder im 19. Jahrhundert. Seit der Mitte des 20. Jahrhunderts darf die Leichenschau nur noch durch

Ärzte vorgenommen werden. Die Häufigkeit von Obduktionen ist allerdings in den letzten 50 Jahren insgesamt zurückgegangen, wird jedoch regional sehr unterschiedlich durchgeführt. So werden in Österreich immer noch ca. 15 bis 20 Prozent aller Verstorbenen obduziert, in Deutschland nur ein bis zwei Prozent. Nicht selten werden von den Pathologen bei einer anschließenden Obduktion Todesursachen festgestellt, die mit den Eintragungen des behandelnden Arztes auf dem Totenschein nicht in Einklang zu bringen sind. Es gibt Untersuchungen, nach denen 50 Prozent aller Totenscheine falsch ausgestellt wurden und die Ärzte zwischen »natürlicher« und »unnatürlicher« Todesursache nicht korrekt unterschieden haben. Dadurch sollen in Deutschland mindestens 2400 Morde, Totschläge, Vergiftungen infolge miserabler Leichenschauen jährlich unentdeckt bleiben, einige Schätzungen kommen sogar auf mehr als 7000 Tötungsdelikte.

Die Bestattungsgesetze der einzelnen Bundesländer enthalten sehr unterschiedliche Regelungen zur Obduktion bzw. gerichtlich angeordneten Sektion. Rechtlich gesehen wird eine Obduktion als Störung der Totenruhe geahndet, wenn sie unautorisiert durchgeführt wird. Bisher ist die Sektion nur in den Bundesländern Berlin und Hamburg in eigenen Sektionsgesetzen geregelt. Bremen hat Anfang 2011 als erstes Bundesland eine verdachtsunabhängige Pflicht zur Obduktion beim ungeklärten Tod von Kindern unter sechs Jahren eingeführt. Damit sollen mögliche Misshandlungen aufgeklärt werden.

1811 wurde das erste Berliner Leichenschauhaus im »Thürmchen« neben dem Koppenschen Armenfriedhof eröffnet (s. Kapitel »Der Armenfriedhof in der Spandauer Straße«, S. 110). Ab 1839 standen Räume des Leichen- und Sektionshauses der Charité für diesen Zweck zur Verfügung (s. Kapitel »Charité«, S. 94). Das bereits 1833 gegründete Zentrum gerichtsmedizinischer Lehre und Forschung an der Berliner Friedrich-Wilhelms-Universität erhielt unter seinem dritten Ordinarius, Carl Liman, einen Neubau für die gerichtliche Medizin in Berlin. Das zunächst zweistöckige Gebäude Hannoversche Straße 6, auf dem Gelände des aufgelassenen Charité-Friedhofs, war im Frühjahr 1886 bezugsfertig. Neben dem Lehrinstitut waren darin auch das Berliner polizeiliche Leichenschauhaus und das Leichenkommissariat untergebracht. Zuvor hatten Strafgefangene der Stadtvogtei die aufgesammelten Leichen unter Aufsicht eines Polizeisergeanten zur Obduktion bringen müssen – auf einem Handwagen. »Wer recognosciren wollte«, so Carl Liman »mußte in einen schmutzigen Keller hinein, sich

Altes Leichenschauhaus Berlin, 2012

unter den Leichen das von ihm beanspruchte Object heraussuchen.« Und das war keine pietätvolle Angelegenheit: »Wie oft habe ich es erlebt, daß eine Trauerversammlung um den Sarg stand, ein Prediger an dieselbe eine Ansprache hielt – unter Ausströmen pestialischen Gestanks aus dem Keller.«

Der technische Fortschritt verbesserte diese Bedingungen: Ab 1886 wurden die auf Pritschen geschnallten Leichen gekühlt und hinter Glasscheiben zum Zwecke der Identifizierung ausgestellt. Nicht immer mit Erfolg, oft dagegen zum Gaudi eines vergnügungssüchtigen Publikums. »Kutscher steigen ab, ihr Gefährt auf der Straße stehen lassend«, beobachtete der Reporter Egon Erwin Kisch, »Schulkinder versuchen einzudringen (…). Habitués und Passanten treiben sich in der Halle umher, die wie der Raubtierpavillon des Zoologischen Gartens aussieht.« Vor einer Wasserleiche erlauschte Kisch: »Mensch, du hast dir janz dufte ausjebadet.« – »Nu werd ick sechs Wochen lang keen Wasser trinken könn'.« Und vor einer violettgesichtigen Erhängten: »Die lacht ja – also scheint's drüben janz schön zu sein.« Besonders geprägt wurde das Institut durch den Nachfolger Limans: Fritz Straßmann (1858–1940), erster Präsident der deutschen Gesellschaft für gerichtliche Medizin. Das Haus in der Han-

Leichenhalle, 2012

noverschen Straße 6 ist heute nach ihm benannt. Unter seiner Leitung wurde im Jahre 1900 der bis heute in Berlin praktizierte gerichtsärztliche Bereitschaftsdienst eingerichtet. Noch bis 1929 Leiter des Instituts, erklärte Straßmann im Dezember 1933 seinen Austritt aus dem Judentum in der Hoffnung, rassistischer Verfolgung zu entgehen. Es half ihm nichts, 1935 entzogen ihm die Behörden auch die Lehrbefugnis. Vereinsamt starb er 1940 in seiner Zehlendorfer Wohnung. Die öffentliche Leichenschau war bereits 1930 abgeschafft worden, das Haus wurde danach umgebaut.

Im Archiv der Hannoverschen Straße spiegeln sich auf makabre Weise die dunkelsten Stunden der deutschen Geschichte. In nüchternen Vermerken, betreffend Sektionsnummer, Einlieferungsdatum, Befund und Abgang zum Friedhof erfährt man in emotionsloser Sprache Dramen der deutschen Geschichte: »Liebknecht, Karl, Rechtsanwalt, Dr., 13.8.71 Leipzig, 15.1.19, Kurfürstendamm, Rettungsstelle, erschossen.« In einem später folgenden Eintrag: »Luxemburg, Rosa, Dr. jur., Schriftstellerin, 5.3.71 Zamost, Russ. Polen, 31.5.19, Schleuse an der unteren Freiarchenbrücke am Landwehrkanal.« Zur weiteren »Prominenz«, die das Leichenschauhaus durchlief, gehören der Flugpionier Otto Lilienthal und der von den Nationalsozialisten zum Märtyrer stilisierte Horst Wessel.

Leichenhalle, Inneres, 2012

Nach der »Machtergreifung« erscheinen in den Akten auch Namen von Opfern des Nazi-Terrors, oft ist die angegebene Todesursache unglaubwürdig. Der Gutsbesitzer Rudolf Mosse, Neffe des bekannten jüdischen Verlegers, überlebte den Transport ins KZ Oranienburg nicht. In der Akte steht: »Überfahren. Selbstmord.« Hans Otto, der den Kommunisten nahestehende Schauspieler, war von einem Augenzeugen noch mit Spuren von Folterung gesehen worden, bevor ihn die SA aus dem dritten Stock einer Kaserne in der Voßstraße stürzte. Laut Akte starb er an den Folgen eines »Sprunges vom Dach«. Nach Beginn der Bombardierungen 1940 finden sich auch die Namen der ersten Bombenopfer. Dazu viele Hingerichtete aus der Haftanstalt Plötzensee, zwei Wochen vor Kriegsende noch 156 von der SS Exekutierte aus dem Gefängnis Lehrter Straße.

Durch die Spaltung Berlins wurde auch die Gerichtsmedizin geteilt. Das Ost-Berliner Leichenschauhaus verblieb in der Hannoverschen Straße. Otto Prokop (1921–2009), Inhaber des Lehrstuhls für Gerichtliche Medizin und Direktor des Institutes in der Hannoverschen Straße, verschaffte dem Institut erneut nationales und internationales Ansehen. Dennoch musste es auch die Toten des 17. Juni 1953 und das Maueropfer Peter Fechter »bearbeiten«. In West-Berlin diente zunächst das pathologische

Institut des städtischen Krankenhauses in Moabit als Leichenschauhaus, bis 1965 in der Invalidenstraße 59 ein neues erbaut wurde.

Nach der Wende existierten beide Institutionen erst einmal parallel weiter, bis 2004 ein einziger Standort in der Invalidenstraße 59 durchgesetzt wurde. Das bedeutete das Aus für das historische Gebäude an der Hannoverschen Straße. Die beiden Seitenflügel des hufeisenförmigen Gebäudes werden seitdem von der Humboldt-Universität genutzt, der Mitteltrakt steht leer und verfällt zusehends. Nur die Reste der Schaukästen im Hochparterre und die kurz nach der Wende im Keller eingebauten Kühlkammern erinnern noch an die alte Zweckbestimmung. Im Zuge der Baumaßnahmen für den Berliner Hauptbahnhof musste übrigens auch die Einrichtung in der Invalidenstraße ihren Standort aufgeben. Da es heute keine öffentliche Leichenschau mehr gibt, wird auch der offizielle Begriff »Leichenschauhaus« nicht mehr verwendet und somit hat diese Institution ein wenig beachtetes Ende gefunden. Das Institut für Rechtsmedizin der Charité und das Landesinstitut für gerichtliche und soziale Medizin führen die Aufgaben der alten Institutionen fort. Das Landesinstitut erhielt 2006 neue Räumlichkeiten im umgebauten pathologischen Institut auf dem Gelände des ehemaligen Krankenhauses Moabit in der Turmstraße 21.

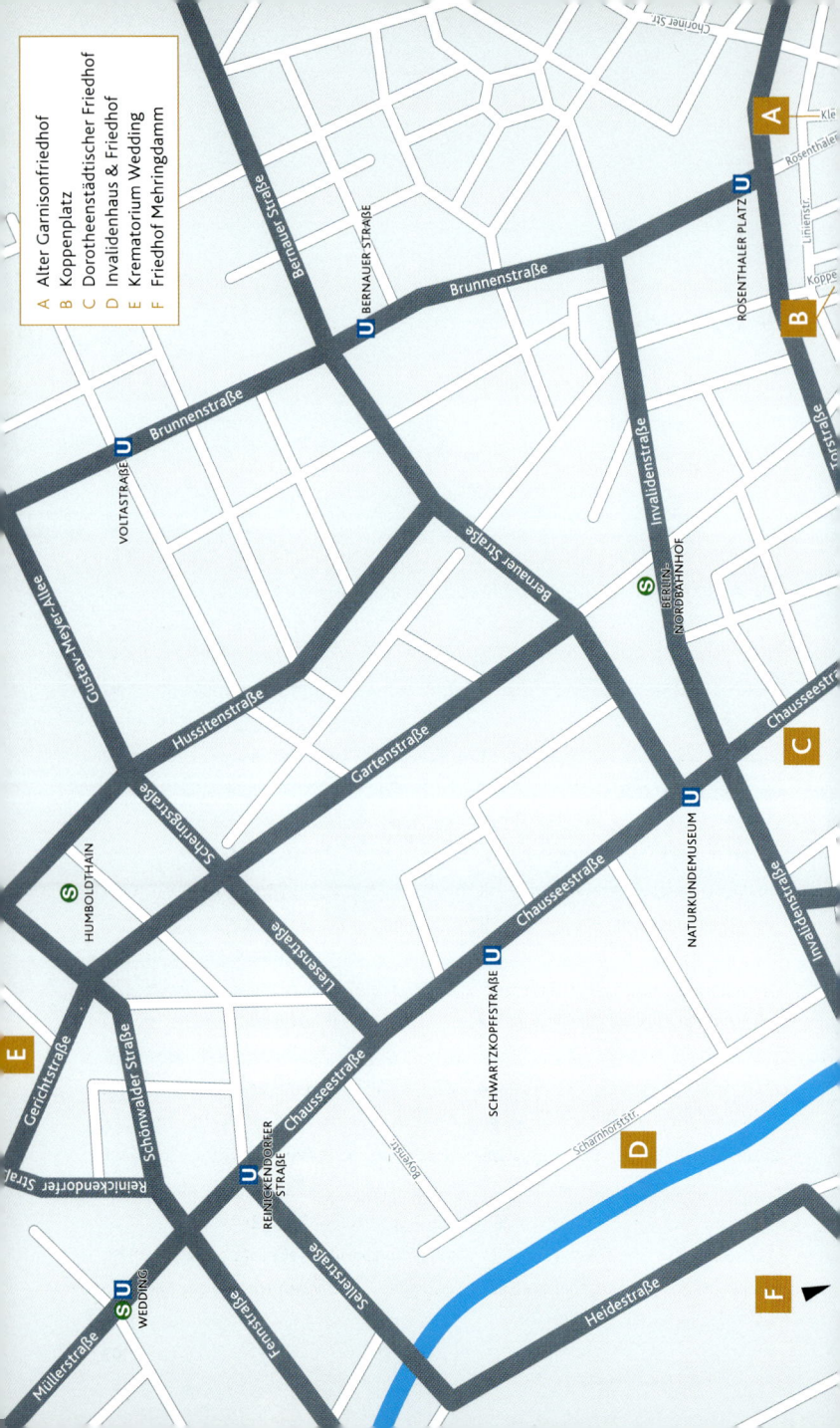

A Alter Garnisonfriedhof
B Koppenplatz
C Dorotheenstädtischer Friedhof
D Invalidenhaus & Friedhof
E Krematorium Wedding
F Friedhof Mehringdamm

Letzte Ruhe

4

Grabkunst

ALTER GARNISONFRIEDHOF
Kleine Rosenthaler Straße 3, 10119 Berlin; U-Bhf. Rosenthaler Platz
Öffnungszeiten: durchgehend geöffnet
www.garnisonfriedhof-berlin.de

ET MORTUUS EST? / QUID MIRARIS NEC TAMEN RIMARIS / FLORIS ET RO-RIS VANITATEM? / NOS QVOQVE FLOREMVS; SED FLOS EST ILLE / CADVCVS FORVIT; AST DEFLORUIT / QVI FLORVM ATQVE HERBARVM INDAGITAVIT VIRTUTEM / FILIVS PARENTVM UNICVS / IOHANNES CHRISTIANVS HAR-NISCH / ARTIS MEDICAE LICENTIATUS ET PRACTICVS FELICISSIMUS / AN-NUM AGENS 34TVM. / FLOS AETATIS AC AETAS FLORIS / ALIIS INSERVIENDO MARCVIT. / NON ARCVIT / HERBA IN HORTIS / VIM VIOLENTAM MORTIS / QUAE FOLIVM DE TRIFOLIO / DECERPSIT DIE 18. DECEMBRIS 1730 / EST COMMVNE MORI. / QVID HAESITAS LECTOR? / ET MORTVVS EST.

Auch er ist gestorben? Was wunderst du dich und erforschst nicht statt-dessen die Vergänglichkeit der Blume und des Taues? Wir blühen zwar; aber jene Blume ist vergänglich. In Blüte stand er, aber verblühte, der die Kraft der Blumen und Kräuter erforschte, der einzige Sohn seiner Eltern: Johannes Christian Harnisch, examinierter Mediziner und erfolgreich praktizierender Arzt, im 34. Lebensjahr. Ihm, der anderen diente, ermattete die Blüte des Al-ters und das Alter der Blüte. Die Kräuter in den Gärten konnten die ungestü-me Kraft des Todes nicht abwehren, der ein Blatt vom Kleeblatt pflückte am 18. Dezember 1730. Es ist unser gemeinsames Los, zu sterben. Was stockst du, Leser? Auch er ist gestorben (Grabinschrift für Johannes Christian Harnisch, Alter Friedhof Buttstädt)

Der Brauch, Erinnerungsmale für die Toten zu errichten, lässt sich in Euro-pa bis 6000 v. Chr. nachweisen. Die auf Grabmalen, Grabstelen, Grabsteinen, Grabplatten, Grabkreuzen, Sarkophagen und Epitaphien zu findenden Texte

107

sind wichtige Dokumente, die auf das kulturelle Niveau im Umgang mit Vergänglichkeit und Trauer verweisen. Auch die Darstellungen auf Grabmälern, die in der Barockzeit und im 16. Jahrhundert noch stark von Bildern bestimmt sind, die Vergänglichkeit und die Schrecken des Todes zeigen, ändern sich im späten 18. Jahrhundert. Die Empfindungen der trauernden Hinterbliebenen werden in allegorischen Szenen und Inschriften zum Ausdruck gebracht, der Knochenmann wird vom sanften Engel abgelöst, der sich um die Seele des Verstorbenen kümmert.

Die Aufstellung eines stehenden Heeres unter dem Großen Kurfürsten und die Unterbringung der Soldaten in einer Garnison erforderte auch deren seelsorgerische Betreuung und die Gründung einer Garnisongemeinde. 1655 erhielt die Gemeinde ihren ersten Prediger und die Heilig-Geist-Kapelle als erste Garnisonkirche zugewiesen (s. Kapitel »Sankt Spiritus, Haus der Armen und Kranken«, S. 32). Diese war für die wachsende Gemeinde bald zu klein und so baute Martin Grünberg bis 1703 ganz in der Nähe ein neues Gotteshaus für die in Berlin stationierten Soldaten und Offiziere sowie deren Familien. Diese Kirche hatte ein wechselvolles Schicksal, eine Explosion und ein Brand beschädigten sie zweimal schwer, nach dem

Garnisonfriedhof, Gesamtansicht, 2012

Grabmal de la Motte-Fouqué, 2012

Zweiten Weltkrieg standen nur noch ihre ausgebrannten Außenmauern, die 1962 zugunsten eines Sportplatzes abgerissen wurden. Erhalten blieben nur das Pfarr- und Schulhaus in der Burgstraße 21.

Nur wenig besser erging es dem zwischen 1702 und 1706 angelegten Begräbnisplatz der Garnisongemeinde. Er existiert nur noch zur Hälfte, weil der östliche Teil, auf dem die Mannschaftsdienstgrade bestattet waren, Anfang 1900 als Bauland verkauft wurde. Man bettete einen Teil der Verstorbenen auf den Offiziersfriedhof um, andere Gräber wurden nur eingeebnet und ab dem Jahr 2004 bei Tiefbauarbeiten wieder aufgedeckt. Archäologen bargen die Überreste und ließen die Gebeine von etwa 300 Toten Ende 2008 im Garnisongrab auf dem Südwestkirchhof Stahnsdorf beisetzen. Der westliche, für Offiziere und ihre Angehörigen bestimmte Teil des Garnisonfriedhofes blieb aber erhalten und diente bis 1945 weiterhin als Begräbnisplatz für Militärs.

Nach dem Zweiten Weltkrieg stellte man die Bestattungen ein und vernachlässigte das Gelände, 1978 deklarierte man es als Wohngebietspark. In der Folge wurden 300 von 489 Grabmälern eingeebnet, einzelne Grabstätten aber restauriert und Rasenflächen angelegt. Seit 1993 bemüht sich ein Förderverein um die Erhaltung und Restaurierung der Grabmale. Erhalten geblieben sind auch Backsteinmauer, Portal und Wächterhaus des Friedhofs. Der Alte Garnisonfriedhof steht jetzt unter Denkmalschutz.

Gedenkstein für gefallene Italiener, 2012

Was wir heute sehen, ist noch immer ein herausragendes Zeugnis der Berliner Kulturgeschichte. Grabkreuze, Epitaphien und Tabernakel aus der Blütezeit des Berliner Eisenkunstgusses und Steinmetzarbeiten der klassizistischen Periode, des Historismus und der Reformkunst machen die Stätte zu einem Kleinod von besonderem Gepräge. Die Gräber Berliner Ehrenbürger, etwa des romantischen Dichters Baron de la Motte-Fouqué (»Undine«), der Generäle der Befreiungskriege Freiherr v.d. Knesebeck und v. Lützow und andere können nach längerer Restaurierungszeit wieder besichtigt werden.

Vom Garnisonfriedhof aus ist es nur ein kurzer Fußweg bis zum Koppenplatz. Wir folgen der Kleinen Rosenthaler Straße in südlicher Richtung und biegen rechts in die Auguststraße ab. Nach gut 200 Metern liegt rechterhand der Koppenplatz.

Der Armenfriedhof in der Spandauer Vorstadt

KOPPENPLATZ
Koppenplatz, 10115 Berlin; U-Bhf. Rosenthaler Platz

Im 19. Jahrhundert verzehnfachte sich die Berliner Bevölkerung von ca. 170 000 auf über 1,8 Million Einwohner, der rasante Anstieg setzte sich auch im 20. Jahrhundert fort. Im Jahre 1920 war Berlin nach London und New York mit fast vier Millionen die drittgrößte Stadt der Welt, flächenmäßig sogar nach Los Angeles die zweitgrößte Stadt.

Mit zunehmenden Bevölkerungszahlen ergab sich auch ein Bestattungsproblem für die vielen Verstorbenen, durch die man immer auch gesundheitliche Gefährdungen befürchtete – zumal es auch mehr Armut gab. Haupttodesursachen im 19. Jahrhundert waren meist infektiöse und parasitäre Erkrankungen, die für mehr als 60 Prozent aller Todesfälle verantwortlich waren. Im Jahre 1870 starb noch jedes dritte Neugeborene vor seinem ersten Geburtstag und jedes zehnte vor seinem fünften Geburtstag. Die ersten städtischen Friedhöfe entstanden deshalb Anfang des 19. Jahrhunderts ausschließlich als Armenfriedhöfe. Armenfriedhöfe waren zunächst kein Angebot aus Gründen sozialer Gerechtigkeit, sondern entstanden aus hygienischen Gründen.

Diese hygienischen Gründe, aber auch eine sich wandelnde gesellschaftliche Beziehung zum Tod manifestierte sich auch in der Friedhofsgestaltung und Grabanordnung der Armenfriedhöfe. Die Friedhöfe wurden zur bestmöglichen Raumnutzung geometrisch angelegt (Alleequartierfriedhöfe). Erst später wurden um die Grabfelder herum Bäume und wohlriechende, blühende Sträucher gepflanzt. Ende des 19. Jahrhunderts entstanden dann die ersten Park- und Waldfriedhöfe. In Berlin gab es – wie in anderen großen Städten Europas – schon Anfang des 18. Jahrhunderts nichtkirchliche Initiativen zur Bestattung von Armen und »Ungläubigen«.

Der Berliner Stadthauptmann und Ratsherr Christian Koppe kaufte 1696 außerhalb der mittelalterlichen Stadtmauer in der Spandauer Vorstadt ein Grundstück und schenkte es 1704 der Städtischen Armenverwaltung Berlins zur Errichtung eines Armenfriedhofs. Auch Selbstmörder, die auf den meisten christlichen Friedhöfen der Stadt nicht beerdigt werden durften, konnten hier ein Grab finden. Zur gleichen Zeit entwickelte sich durch die Expansion Berlins die Wohnbebauung vor den Toren der Stadt und so wurden auch hier die verbliebenen Parzellen rund um das Friedhofsgelände verkauft und mit Mietshäusern bebaut. Das letzte Begräbnis auf dem Platz fand wahrscheinlich im Jahre 1838 statt, dann wurde der Friedhof aufgrund der bekannten seuchenhygienischen Maßnahmen geschlossen. Christian Koppe, der außer dem Friedhof auch noch das Koppensche Armenhaus für Frauen in der Auguststraße gestiftet hatte, erhielt auf dem Friedhof sein Grabgewölbe. Bei der Umgestaltung des Geländes zu einem Stadtplatz wandelte Architekt August Stüler das Grab in ein Denkmal – in Form eines klassizistischen Tempelchens mit korinthischen Säulen – um. Es weckt Assoziationen an Erbbegräbnisse, die häufig an den Umfassungsmauern alter Berliner Friedhöfe stehen. Heute steht es vor der Fassade eines Neubaus auf dem Gehweg, noch immer über der Gruft, in der Christian Koppe sowie mehrere seiner Angehörigen begraben wurden.

Etwa um 1800 wurde neben dem Friedhof ein Leichenschau- und Obduktionshaus erbaut, das auf seinem Dach einen kleinen Turm trug, der ihm den Spitznamen »Das Thürmchen« einbrachte. In dieses Haus brachte man die Leichen von mittellos Verstorbenen, Selbstmördern und Unfallopfern aus der damals noch als Hospiz dienenden Charité, obduzierte

Das Grabmonument Koppe von August Stüler, 2012

sie und begrub sie anschließend auf dem Armenfriedhof. »Das Thürmchen« überdauerte den Armenfriedhof nur wenige Jahre und wurde 1844
zugunsten eines Gasometers abgerissen, der aber ebenfalls nicht lange
dort stand. Nach Abriss des Koppenschen Armenhauses und der Neuanlage mehrerer Straßen nimmt der heutige Koppenplatz nur noch etwa
die Hälfte des ehemaligen Armenfriedhofs ein, auf dem übrigen Gelände
stehen um 1850 erbaute, heute unter Denkmalschutz stehende klassizistische Mietshäuser. Aber auch die untergegangenen Sozialeinrichtungen des
Koppenplatzes fanden Nachfolger: Das erste Gebäude der Hollmannschen
Wilhelminen-Amalien-Stiftung entstand bereits 1839, also noch vor der
Auflassung des Friedhofs. Der heutige Bauteil an der Ecke Linienstraße
gehört noch zum Originalbau. Das Haus diente als Altersheim für über 55
Jahre alte evangelische Witwen und unverheiratete Frauen des Mittelstan-
des, die mindestens 15 Jahre in Berlin gewohnt hatten. Man erweiterte das
Stiftungsgebäude in zwei Schritten: Im Jahre 1850 mit dem fünfgeschossi-
gen, quadratischen Turmbau an der Ecke Linienstraße/Koppenplatz, 1869
mit dem dritten Teil am heutigen Koppenplatz. Die Fassadengestaltung
des Gesamtbaus ist rein klassizistisch und einheitlich, mit aufgeputzter
Quaderung, Gesimsen, einem Risalit, profilierten Fenstereinfassungen

Hollmannsche Wilhelminen-Amalien-Stiftung, 2012

und -verdachungen und am Eckbau zusätzlich mit flachen Pilastern in Kolossalordnung; die verschiedenen Bauphasen sind kaum zu erkennen. Die Anlage wurde vor wenigen Jahren für die Nutzung als Seniorenheim saniert, die Dächer ausgebaut und ein moderner Bauteil am benachbarten Schulbau hinzugefügt.

Zum 50. Jahrestag der Pogromnacht hatte der Ostberliner Magistrat 1988 einen Denkmal-Wettbewerb ausgeschrieben, den der Künstler Karl Biedermann gewann. Es dauerte noch bis 1996, bis auf dem Koppenplatz seine Bronzeskulptur »Der verlassene Raum« aufgestellt wurde: Ein leder-bezogener Tisch und zwei passende Stühle, einer davon umgeworfen, sind täuschend echt gearbeitet und nur wenig, aber doch beunruhigend größer als wirkliche Möbel. Erst aus der Nähe ist das bronzene Material der Plastik erkennbar. Die gemusterte Bodenplatte stellt einen Parkettfußboden dar, den ein Fries mit Versen aus einer 1947 erschienenen Gedichtsammlung der Nobelpreisträgerin Nelly Sachs (geb. 1891 in Berlin, gest. 1970 Stock-holm) einrahmt: »… O die Wohnungen des Todes, / Einladend hergerich-tet / Für den Wirt des Hauses, der sonst Gast war – / O ihr Finger, / Die Ein-gangsschwelle legend / Wie ein Messer zwischen Leben und Tod – // O ihr Schornsteine, / O ihr Finger, / Und Israels Leib im Rauch durch die Luft!«

Karl Biedermanns Denkmal »Der verlassene Raum«, 2012

Im Hinterhof des Hauses Koppenplatz 6 ist ein weiteres Kunstwerk zu finden, das auf die Vernichtung jüdischer Menschen aufmerksam macht. Die Worte »Vergessen ist Verbannung. Erinnerung ist Erlösung« des jüdischen Mystikers Baal Schem Tow sind an einer Brandwand angebracht, deren ganze Fläche als Seite eines Buchhaltungsjournals gestaltet wurde. Sie führt, stammbaumartig, die Namen der ermordeten jüdischen Hausbesitzerin und ihrer Angehörigen auf. Unter ihnen ist auch eine Nichte, die dem Massenmord entgangen ist und von der die Inhaber der Galerie SPHN das Haus gekauft haben. Sie selbst realisierten das Erinnerungskunstwerk. Es kann während der Öffnungszeiten der Galerie betrachtet werden.

Wir folgen der Linienstraße ca. 700 Meter in westlicher Richtung und biegen rechts in die Oranienburger Straße ein, die nach knapp 100 Metern auf die Friedrichstraße stößt. Wir biegen rechts in die Friedrichstraße ein, die nach der Kreuzung mit der Torstraße zur Chausseestraße wird, und folgen dieser gut 200 Meter, bis wir auf der linken Seite auf den Eingang zum Friedhof treffen.

Berühmte Tote

DOROTHEENSTÄDTISCHER FRIEDHOF

Chausseestraße 126, 10115 Berlin; U-Bhf. Oranienburger Tor
Öffnungszeiten: Januar/Dezember: täglich 8–16 Uhr,
Februar/November: täglich 8–17 Uhr, März/Oktober: täglich 8–18 Uhr,
April/September: 8–19 Uhr, Mai/August: täglich 8–20 Uhr

Am Grab rauchen – wo gibt es denn so etwas? Eine kleine Mulde in einer Grabeinfassung – eindeutig kein Weihwasserbecken – auf dem Dorotheenstädtischen Friedhof in Berlin lädt dazu ein. Der Bestattete, leidenschaftlicher Zigarrenraucher, heißt Heiner Müller (1929–1995), war aber ansonsten gegen den Blauen Dunst, den einfache Antworten und ewige Wahrheiten verbreiten. Während sich die aerobe Grabfauna nun schon ein paar Jährchen an seiner sterblichen Hülle gütlich tut, steigt der umstrittene, auch bekämpfte deutsche Dichter in den Rang eines Weisen auf. Er dachte vor, worüber andere nicht einmal nachdenken wollten: z. B. dass sich im Leben die gut gemeinte Tat einschließlich diverser Revolutionen am Ende als böse und das gemeinhin als böse Geächtete als das Bessere erweisen kann – und weitere unvorstellbare Dinge. Auch der satirische Autor Rudi Strahl (1931–2001) gibt sich auf seinem Grabstein in Blicknähe zweiflerisch und hinterlässt den Rat: »Lasst uns die nächste Revolution in einem August beginnen.« Unverdrossen der Philosoph Herbert Marcuse (1898–1979) gleich gegenüber. Sein Stein gewordenes Credo: »Weitermachen!«

Während Müller mit einer seinerzeit dem Sarg beigegebenen Kiste Montecristo-Havannas gelassen auf ein abschließendes Urteil über sich warten kann, durchlaufen andere, schwierigere Beerdigte ein Verfahren, in dem sich Eloge und kritischer Nachruf heftig mischen. Gleich neben Brechts Grab steht ein verwitterter Sandstein auf Johannes R. Bechers (1891–1958) letztem Ort. Der Dichter sprach gern des Menschen Größe und sein Elend an. Becher wird sich hoffentlich mit einbezogen haben. »Du schützt mit deiner starken Hand / den Garten der Sowjetunion. / Und jedes Unkraut reißt du aus«, pries er Väterchen Stalin in einer Ode und verfasste andrerseits eines der schönsten deutschen Gedichte über Bachs Musik, in dem es heißt: »Die Klänge kommen so, wie Berge gehen.«

Aus dichtem Efeu ragt gegenüber eine vielsagend nach links eingedrehte Stele mit dem Namen des Wirtschaftshistorikers Jürgen Kuczynski (1904–

1997). Er war ein herausragender marxistischer Gelehrter mit einer Privatbibliothek von 70 000 Bänden auf 1,7 Kilometern Buchregal und gefragter Zeitzeuge bis zu seinem Tode. Im Dezember 1988 sprang er »dem Erich« bei und lobte den »einzigartigen« Lebensstandard der DDR. Begründung: Es hungere und fröre keiner, und jedermann decke fröhlich seinen Grundbedarf.

Man kann sein Grab mit dem wohlmeinenden Gedanken passieren, dass auch der Klügste nicht vor Torheit gefeit ist. Im Weiteren aber macht das Erinnern traurig. Ein unscheinbarer Stein: Rudolf Bahro (1935–1997). Seine tiefgehende, nicht unanfechtbare Analyse der DDR-Gesellschaft der 1970er Jahre im Buch »Die Alternative« brachte ihn geradewegs in eine Gefängniszelle »des besten Staates der Welt«. Regisseur Frank Beyer (1932–2006), unweit gelegen, durfte nach seinem Film »Spur der Steine« mit einer Aufführungszeit von zweieinhalb Tagen jahrelang keine Spielfilme mehr drehen. Ein paar Schritte weiter liegt unter einem schwarzen Tempeltorgrabstein der Literaturwissenschaftler Hans Mayer (1907–2001) – ein früher Substanzverlust der DDR auf ihrem Kurs permanenter geistiger Selbstbeschädigung. Mayer verließ das Land nach politischen Konflikten Anfang der 1960er Jahre …

Der Gedanke, auf diesem Friedhof mit all diesen interessanten Grabnachbarn, den alten Bäumen und der Fülle an kulturgeschichtlichen Denkmalen beigesetzt zu sein, beisammen mit dem »Fichteschen Ich«, das die Welt nur als gedacht begreift, und umweht von Hegels allschaffendem Weltgeist – eine solch amüsante Fortexistenz nach dem Tod erscheint so gesehen recht lebenswert.

In der Zeit der Aufklärung befürchtete man, das Wohnen in unmittelbarer Nachbarschaft von Gräbern könnte den Ausbruch von Epidemien unterstützen. Deshalb sollten Friedhöfe am besten außerhalb des Stadtgebiets angelegt werden. Aus diesem Grund stellte König Friedrich der Große vor den Toren Berlins Ackerland zur Anlage neuer Friedhöfe zur Verfügung. Vor dem Oranienburger Tor entstanden mehrere Begräbnisplätze: Der Charité-Friedhof (bis 1856), der St. Hedwigs-Friedhof (bis 1902), der Französische Friedhof für die Berliner Hugenotten und der Dorotheenstädtische Friedhof (beide bis heute erhalten). Der Letztere erhielt seinen Namen nach der nördlich der Linden gelegenen Dorotheenstadt, einer Stadterweiterung, die 1674 im Auftrage der Kurfürstin Dorothea, der zweiten Frau des Großen Kurfürsten, angelegt worden war. Der Friedhof sollte zur Bestattung der Verstorbenen dieses Stadtviertels und des angrenzenden Friedrichswerder dienen. Viele Intellektuelle und Künstler lebten dort, da sich in der Nähe die Akademie der Künste, die Singakademie, die Bauakademie, die Akademie der Wissenschaften und seit 1810 die Berliner Universität befanden.

Grabmal Schinkel, 2012

Erste Bestattungen fanden im Jahre 1770 statt. Schon ab 1814 reichte der Platz nicht mehr aus und man vergrößerte den Friedhof mehrmals, bis 1834 im Berliner Norden (Liesenstraße, Wedding) und Süden (Bergmannstraße, Kreuzberg) neues Friedhofsgelände für die Dorotheenstädtische und Friedrichswerdersche Gemeinde angekauft wurde. In den sechziger Jahren des 19. Jahrhunderts schloss man den alten Dorotheenstädtischen Kirchhof an der Chausseestraße wegen Überfüllung. Bei der Verbreiterung der angrenzenden Hannoverschen Straße 1889 wurden Teile des Friedhofs verkauft und die dort befindlichen Gräber von Hegel, Fichte und anderen an ihren jetzigen Ruheort umgebettet. Mit dem Aufkommen der Feuerbestattung reichte der Platz jedoch wieder aus, sodass man ab 1921 die Belegung des Friedhofs fortführte.

Im Zweiten Weltkrieg erlitten die umliegenden Wohnviertel starke Zerstörungen, auch der Dorotheenstädtische Friedhof war betroffen. In den 1960er Jahren erwogen die DDR-Behörden seine Umwandlung in eine Grünanlage, bevorzugten dann aber doch die Fortführung der Bestattungen. Außer der Dorotheenstädtischen Gemeinde erhielt auch die ehemalige Akademie der Künste der DDR das Recht, hier Bestattungen vorzunehmen, was die Tradition des Friedhofs als Begräbnisstätte deutscher Künstler, Gelehrter und Politiker fortsetzte. Auf ihm ist die Berliner Grabmalkunst des 19. Jahrhunderts fast vollständig vertreten, darunter Grabdenkmäler von den bedeutenden Bildhauern und Baumeistern des preußischen Klassizismus, wie Schinkel, Schadow, Rauch und Tieck.

Grabstätten von Heinrich Mann und Johannes R. Becher, 2012

Eine Auswahl der hier bestatteten prominenten Persönlichkeiten

- Johannes R. Becher (1891–1958), Schriftsteller und DDR-Politiker
- Ruth Berghaus (1927–1996), Regisseurin
- Christian Peter Beuth (1781–1853), Wegbereiter der preußischen Industrie
- Frank Beyer (1932–2006), Filmregisseur
- Bärbel Bohley (1945–2010), Malerin und Bürgerrechtlerin
- Dietrich Bonhoeffer (Gedenkstein) (1906–1945), Theologe, NS-Widerstandskämpfer
- Klaus Bonhoeffer (1901–1945), Jurist, NS-Widerstandskämpfer
- August Borsig (1804–1854), Metallfachmann, Unternehmer, Lokomotivenbauer
- Thomas Brasch (1945–2001), Schriftsteller
- Bertolt Brecht (1898–1956), Schriftsteller und Dramatiker
- Paul Dessau (1894–1979), Komponist
- Hans von Dohnanyi (1902–1945), Jurist, NS-Widerstandskämpfer
- Hanns Eisler (1898–1962), Komponist
- Johann Gottlieb Fichte (1762–1814), Philosoph

- Günter Gaus (1929–2004), Journalist und Politiker
- Erwin Geschonneck (1906–2008), Schauspieler
- Jürgen Gosch (1943–2009), Theaterregisseur
- John Heartfield (1891–1968), Graphiker
- Georg Wilhelm Friedrich Hegel (1770–1831), Philosoph
- Stephan Hermlin (1915–1997), Schriftsteller
- Friedrich Hitzig (1811–1881), Architekt (TU-Gebäude)
- August Wilhelm von Hofmann (1818–1892), Chemiker (Erfinder der Anilinfarben)
- Christoph Wilhelm Hufeland (1762–1836), Arzt
- Martin Heinrich Klaproth (1743–1817), Chemiker, (Entdecker mehrerer Elemente)
- Franz Krüger (1797–1857), Maler (Pferde-Krüger)
- Wolfgang Langhoff (1901–1966), Schauspieler und Regisseur
- Ernst Litfaß (1816–1871), Erfinder der Litfaßsäule
- Heinrich Gustav Magnus (1802–1870), Physiker
- Heinrich Mann (1871–1950), Schriftsteller (Der Untertan)
- Herbert Marcuse (1898–1979), Philosoph
- Bernhard Minetti (1905–1998), Schauspieler
- Heiner Müller (1929–1995), Dramatiker
- Peter Palitzsch (1918–2004), Theaterregisseur
- Johannes Rau (1931–2006), 8. Bundespräsident
- Christian Daniel Rauch (1777–1857), Bildhauer (Reiterstandbild Friedrichs des Großen)
- Johann Gottfried Schadow (1764–1850), Bildhauer und Grafiker (Quadriga)
- Hermann Schievelbein (1817–1867), Bildhauer (Schievelbein-Fries im Neuen Museum)
- Karl Friedrich Schinkel (1781–1841), Architekt (Altes Museum)
- Louis Schwartzkopff (1825–1892), Lokomotivenbauer
- Anna Seghers (1900–1983), Schriftstellerin (Das 7. Kreuz)
- Johann Heinrich Strack (1805–1880), Architekt (Siegessäule)
- Friedrich August Stüler (1800–1865), Architekt (Neues Museum)
- George Tabori (1914–2007), Theaterregisseur und Autor
- Fritz Teufel (1943–2010), politischer Aktivist,
- Helene Weigel (1900–1971), Schauspielerin
- Arnold Zweig (1887–1968), Dichter (Das Beil von Wandsbek)

Wir folgen der Chausseestraße ca. 200 Meter in nördlicher Richtung und biegen dann links in die Invalidenstraße ab. Nach gut 500 Metern geht auf der rechten Seite die Scharnhorststraße ab, auf der wir nach gut 400 Metern linkerhand den Invalidenfriedhof erreichen.

Invaliden, Helden, Antihelden

INVALIDENHAUS UND -FRIEDHOF
Scharnhorststraße 33–35, 10115 Berlin
U-Bhf. Schwartzkopffstraße, S-Bhf. Hauptbahnhof
Öffnungszeiten (Invalidenfriedhof):
16. März–30. September: täglich 7–21.30 Uhr
1. Oktober–15. März: täglich 7–18.30 Uhr

»Der Flug ist das Leben wert« – ein denkenswerter Grabspruch auf einem Findlingsgrabstein auf dem Berliner Invalidenfriedhof, der an Marga von Etzdorf erinnert, eine junge Berliner Fliegerin, die sich im Mai 1933 in Aleppo, Syrien, nach einer Bruchlandung erschossen hat. Sie war 25 Jahre alt.

Uwe Timm hat einen bewegenden Roman »Halbschatten« über das kurze Leben der fanatischen, im wahrsten Sinne todesmutigen Frau geschrieben, die in ihrem kurzen Leben dem Tod mehrfach ins Auge sah, aber mit dem Leben davonkam und ihm dann doch durch Suizid selbst ein Ende setzte. Gibt es eine Erklärung für einen solchen Tod? Der Suizid ist die Todesart, die die größte Betroffenheit auslöst, die meisten Fragen hervorruft, die meiste Schuld.

Uwe Timms Buch beginnt mit den Fragen, die einen Besucher bewegen, wenn auf Friedhöfen die Toten zu sprechen beginnen, sich erklären, sich zu rechtfertigen versuchen. Gräber erzählen Geschichten, ganz besonders wenn man an Gräbern vorbeigeht wie dem von Marga von Etzdorf, die neben namenlosen Opfern aus dem Mai 1945 auf einem Friedhof beerdigt ist, auf dem auch Reinhard Heydrich begraben liegt, der die Judenvernichtung organisierte, oder General Gerhard von Scharnhorst, der Held der Befreiungskriege.

Invalidenhaus, um 1750

Mit Einführung der Stehenden Heere im Absolutismus des 17. Jahrhunderts mussten die Herrscher auch Einrichtungen zur Versorgung im Dienst erkrankter oder nicht mehr dienstfähiger Soldaten schaffen. Als Erster ließ 1676 der französische König Ludwig XIV. das Pariser Invalidenhaus errichten, einen riesigen, dem Madrider Escorial nachempfundenen Gebäudekomplex mit Kirche, Hospital, Wohntrakten und Werkstätten. Weitere Invalidenhäuser folgten in England, im Kurfürstentum Hannover und in Hessen. Ein schon 1703 vom ersten preußischen König Friedrich I. geplantes Invalidenhaus in Berlin konnte aus finanziellen Gründen nicht verwirklicht werden. Erst unter Friedrich Wilhelm I., dem »Soldatenkönig«, wurden in der Mark Brandenburg zwei solcher Einrichtungen geschaffen. Das Berliner Invalidenhaus ließ 1747 dessen Sohn Friedrich der Große erbauen.

Der sehr große Komplex bestand aus einem 175 Meter langen dreistöckigen Mittelbau, dessen Westfront dem heutigen Spandauer Schifffahrtskanal zugewandt war und der nach Osten (zur heutigen Scharnhorststraße) mit den beiden ebenfalls dreistöckigen Seitenflügeln ein offenes Viereck bildete. Nach den Kriegszerstörungen sind die beiden Seitenflügel die einzigen erhaltenen Reste des Invalidenhauses. Heute gehören sie zum Wirtschaftsministerium, dessen Neubau in modernen Formen die Umrisse des

Invalidenhauses nachzeichnet. Am alten Mittelbau waren links die evangelische und rechts die katholische Kirche angebaut, die beide aus der Achse des Hauptgebäudes heraustraten. An die Seitenflügel schlossen sich einstöckige Wirtschaftsgebäude an, die ebenfalls offene Vierecke bildeten. Alle Gebäude waren mit Walmdächern versehen.

Das Leben in dieser Einrichtung war preußisch sparsam organisiert: Vom König mit 523 Morgen Landbesitz und größerem Barvermögen ausgestattet, sollte sich das Invalidenhaus selbst tragen. Es stand sowohl verheirateten als auch ledigen Invaliden offen, den Ehefrauen oblag die Pflicht, jedem Soldaten eine warme Mahlzeit am Tag zu bereiten. Ein nahe gelegenes sandiges Gelände, im Volksmund Sahara genannt, sollte von den Invaliden kultiviert werden, die damit ihren Beitrag zur Selbstversorgung leisteten. Das bewährte sich jedoch nicht und so wurde 1769 der Landbesitz einem Generalpächter übergeben, der die Gesamtkosten für die Einrichtung erwirtschaften musste. Das Invalidenhaus bildete eine selbstständige Gemeinde mit eigener Zivil- und Strafgerichtsbarkeit und verfügte über Geistliche beider Konfessionen. Dadurch sollte erreicht werden, dass die Bewohner nicht nur Disziplin zeigten, sondern auch sittliches Verhalten und Gottesfurcht praktizierten.

Da durch die neu eingeführte Wehrpflicht immer weniger Ausländer im preußischen Heer dienten und Einheimische in der Regel zu ihren Familien zurückkehrten, nahm die Anzahl der Insassen kontinuierlich ab. Erst nach den Kriegen von 1864, 1866 und 1870/71 kamen wieder mehr Invaliden ins Haus. Nach dem Ersten Weltkrieg wurde das Invalidenhaus entmilitarisiert und zu einer Stiftung erklärt, die Hitler 1937 wieder der Wehrmacht unterstellte, weil er das große Grundstück für den (gescheiterten) Ausbau Berlins zur Welthauptstadt »Germania« brauchte. Die Invaliden bekamen ein neues Areal in Berlin-Frohnau, wo die Invalidensiedlung heute noch existiert.

Mit dem Bau des Invalidenhauses wurde zugleich ein Friedhof für die verstorbenen Bewohner geschaffen, der bald auch zivile Mitglieder der Invalidenhausgemeinde (Angehörige oder die auf dem Anwesen tätigen Pächter) aufnahm. 1824 wies man ein spezielles Areal (das heutige Feld C) für Gräber der »Nobilitäten der Armee« aus. Dadurch gewann der Invalidenfriedhof den Status einer Ruhestätte für Prominente, sodass seit 1850 auch Staatsbeamte, Theologen, Gelehrte, Unternehmer und Künstler hier eine angemessene Beisetzungsstätte erhalten konnten.

Die Grabanlage für General Scharnhorst (1755–1813) und seine Familie, Hauptwerk der klassizistischen Grabmalskunst des 19. Jahrhunderts und eines der besten Werke Schinkels, wurde nach seiner Umbettung auf den Invalidenfriedhof 1834 enthüllt. Sie ist von antiken lykischen Gräbern beeinflusst: Ein von zwei starken Pfeilern getragener marmorner Hochsarkophag wird von einem schlafenden Löwen (Entwurf Rauch) bekrönt. Das umlaufende Relief (von Friedrich Tieck) stellt den Höhepunkt im Leben des Verstorbenen dar. Scharnhorst, großer Reorganisator des preußischen Militärs und Schöpfer des

Grabmal Scharnhorst, 2012

»Volksheeres«, ist gewissermaßen die »Referenzpersönlichkeit« für diesen Friedhof, das Scharnhorst-Grab ist das Zentrum dieses Begräbnisortes.

Die Zeit des Nationalsozialismus belastete diesen Ort schwer: Der Militarismus war eine der Grundlagen des verbrecherischen Regimes und diesem hatten viele der hier heute Ruhenden gedient. Zwar konnte man differenzieren zwischen tragischen Figuren (Generaloberst Fritsch), »Kriegshelden« (Richthofen, Udet, Mölders) und offensichtlichen Verbrechern (Todt, Heydrich), aber die Frage, ob die Gräber dieser Epoche der Nachwelt erhalten bleiben sollen, wurde dennoch aufgeworfen. Für das DDR-Regime war das zunächst keiner Diskussion wert, weil alle Gräber auf dem Friedhof dem verhassten preußischen Militarismus zugeordnet wurden. Wäre nicht das Grabmal Scharnhorsts gewesen, über den man eine Traditionslinie zur neu zu gründenden »Nationalen Volksarmee« zog, hätte man den Friedhof aufgelassen und beseitigt.

So blieb er erhalten, geriet aber mit dem Bau der Mauer ins Grenzgebiet und war nur noch schwer zugänglich. Ein Teil der Gräber wurde für den Bau der Grenzanlagen abgeräumt, der Rest verfiel. Erst mit der deutschen Wiedervereinigung ging man daran, das Geschichtsdenkmal Invalidenfriedhof wieder zu gewinnen. Seit 1990 anhaltende denkmalpflegerische

Maßnahmen, die auch den teilweisen Erhalt der Berliner Mauer beinhalten, sollen den außergewöhnlichen Zeugniswert des Ortes für die Militär-, Kriegs- und Stadtgeschichte sowie für die deutsche Teilung bewahren.

Es existieren noch (teilweise bedeutende) Grabmale für Militärs Friedrichs des Großen: Winterfeld, Witzleben, für Teilnehmer der Befreiungskriege: Scharnhorst, Friesen, Boyen, für kaiserliches Militär: Schlieffen, Richthofen, Moltke d. J., Militärs der Weimarer Republik: Seeckt, Fritsch und aus der NS-Zeit: Udet, Mölders gegenüber Todt, Heydrich. Auch NS-Widerstandskämpfer werden hier geehrt: Oberst Wilhelm Staehle (1887–1945), letzter Kommandant des Invalidenhauses, der noch 1945 von der Gestapo erschossen wurde und Oberstleutnant Fritz von der Lancken (1890–1944), hingerichtet wegen der Teilnahme an der Verschwörung vom 20. Juli.

> Vom Invalidenfriedhof aus sind es gut zwei Kilometer bis zum Krematorium Wedding. Wir folgen der Scharnhorststraße in nördlicher Richtung und biegen nach 500 Metern in die Boyenstraße ein. Nach 400 Metern treffen wir auf die Chausseestraße, der wir nach links folgen. Wir laufen die Chausseestraße, die zur Müllerstraße wird, etwa einen Kilometer entlang, bis wir rechterhand in die Fennstraße einbiegen. Nach wenigen Metern geht links die Reinickendorfer Straße ab, von der wir rechts in die Gerichtstraße einbiegen.

Begraben oder verbrennen?

KREMATORIUM WEDDING
Gerichtstraße 37–38, 13347 Berlin
S/U-Bhf. Wedding, U-Bhf. Nauener Platz

Die sich in der zweiten Hälfte des 19. Jahrhunderts massiv entfaltende Arbeiterbewegung brachte die Kirchen in die gesellschaftliche Defensive. Die Sozialdemokratie nutzte beispielsweise Bestattung und Trauer, um Bismarcks Sozialistengesetz zu unterlaufen, das ihre Arbeit zwischen 1878 und 1890 massiv einschränkte. Sozialdemokratische Trauerzüge waren durch eine Vielzahl rote Bänder, Schleifen und Blumen geprägt. Die Bestattung von August

Bebel, des langjährigen Führers der deutschen Sozialdemokratie, im Jahre 1913 wurde zur Manifestation einer politisch und gesellschaftlich immer noch diskriminierten Partei und gestaltete sich zu einer »Symphonie in Rot«.

Sowohl die Arbeiterbewegung als auch die freigeistigen Vereinigungen unterstützten im Allgemeinen die Feuerbestattung. Da die christlichen Kirchen die Feuerbestattung weitgehend ablehnten, waren viele Trauerfeiern in den Krematorien weltlich. Gerade die ideelle und organisatorische Verbindung von Feuerbestattung, Freidenkertum und Arbeiterbewegung verschaffte den Krematorien – und damit weltlichen Trauerfeiern – nach dem Ersten Weltkrieg erheblichen Zulauf aus den unteren Sozialschichten. Bestattungen waren für die breite Masse in den wirtschaftlichen Krisenzeiten der Weimarer Republik ein erheblicher Kostenfaktor. Hier boten die im Umfeld von Freidenkertum und Arbeiterbewegung gegründeten Feuerbestattungskassen Abhilfe.

Bereits 1904 war aus der Berliner Freireligiösen Gemeinde heraus der »Sparverein für Freidenker zur Ausführung der Feuerbestattung« gegründet worden. Dieser Verein entwickelte sich nach dem Ersten Weltkrieg zu einer der wichtigsten Organisationen, die auf eine Popularisierung der Feuerbestattung in der Arbeiterschicht zielten. Es wurden Feuerbestattungskassen gebildet, die zu ihren Glanzzeiten mehrere hunderttausend Mitglieder zählten. Die »Volks-Feuerbestattung« nahm anfangs nur freigewerkschaftliche Mitglieder auf. Zahlstellen befanden sich in gewerkschaftsnahen Gastwirtschaften. Die Bestattung erfolgte zunächst über gewerkschaftsnahe Bestattungsunternehmer. Angesichts der sozialen und wirtschaftlichen Not nach dem Ersten Weltkrieg stieg die Mitgliederzahl rasch an: 1920 auf 49 543, 1921 auf 89 895 und 1922 auf 153 628 Mitglieder. Ab 1921 wurden die Bestattungen in Eigenregie auf gemeinwirtschaftlicher Basis durchgeführt – mit eigenem Fuhrpark, Sägewerk und Schreinerei für die Sargherstellung. Geschäftsstellen entstanden in vielen deutschen Städten, sodass die »Volks-Feuerbestattung« Ende 1925 rund 600 000 Mitglieder zählte. Die Dienstleistungen bestanden in der Übernahme der Kosten für gesangliche bzw. musikalische Untermalung der Trauerfeier sowie die Mitwirkung eines Geistlichen oder weltlichen Trauerredners.

Das erste Berliner Krematorium wurde 1912 auf dem 1828 angelegten und später erweiterten Friedhof an der Gerichtstraße in Wedding errichtet. Dieser erste kommunale Bestattungsplatz Berlins diente zur Beisetzung der mittellos verstorbenen Bewohner der nördlichen Stadtviertel.

1879 wurde er aufgelassen und 1902 beschlossen, das Gelände in einen Park umzuwandeln. In dieser Situation beantragte der »Verein für Feuerbestattungen«, auf dem Gelände einen Urnenfriedhof mit Urnenhalle und Krematorium anlegen zu dürfen. Vereine dieser Art hatten sich Ende des 19. Jahrhunderts überall in Europa gegründet, um angesichts des rasanten Bevölkerungsanstiegs und fehlender Friedhofsflächen in den Metropolen für eine platzsparende und hygienischere Form der Bestattung zu werben. Besonderen Widerstand setzte ihnen die Kirche entgegen, die jahrhundertelang das Monopol auf Bestattungen ausgeübt hatte, und es entstand eine erbitterte Diskussion um die neuen Bestattungsformen.

Berlins berühmter Arzt und Kommunalpolitiker Rudolf Virchow trat 1875 in einer Aufsehen erregenden Rede vor dem Preußischen Abgeordnetenhaus für die Feuerbestattung ein. »Vom Standpunkt der öffentlichen Gesundheitspflege wäre doch nichts erwünschter, als wenn unsere Sitte im ganzen sich dahin richten wollte, daß die Verbrennung Regel würde, denn daß die zunehmende Anhäufung von Verwesungsstätten, welche die großen Städte wie einen Kranz umgeben, welche das Erdreich mit unreinen Stoffen erfüllen, welche das Erdreich weit und breit und die Gewässer verunreinigen, daß das kein Zustand ist, der sich mit der öffentlichen Gesundheit verträgt, liegt auf der Hand.«

Erst 1911 erlaubte der preußische Staat die umstrittene Feuerbestattung. Fortschrittlichere Landesregierungen hatten dies schon viel früher getan, weswegen wir die ersten Krematorien Deutschlands nicht in Berlin, sondern in Gotha (1878), Heidelberg (1891) und Hamburg-Ohlsdorf (1892) finden. Das Krematorium Wedding war das erste in Berlin und das dritte in Preußen. Der Architekt William Müller (1871–1913), ein Schüler Alfred Messels, wählte für den monumentalen achteckigen Zentralbau neoklassizistische und frühchristliche Architekturformen. In der Mitte des hohen Mansarddachs verbirgt sich hinter einem laternenartigen Aufbau die Mündung des Krematoriumschornsteins. Im Innern der 17 Meter hohen Halle sind in zwei umlaufenden Galerien Urnennischen in die verputzten Wände eingelassen, die an antike römische Kolumbarien erinnern. Nach dem Tode des Architekten errichtete sein Mitarbeiter Hermann Jansen 1913–15 auf einem achteckigen Grundriss die ebenfalls als Kolumbarien dienenden Flügelbauten und die rückwärtigen Wirtschaftsgebäude.

Obwohl das Krematorium noch in den 1990er Jahren aufwändig saniert worden war, stellte man 2003 den »unrentablen« Betrieb ein, weil

Krematorium Wedding, 2012

sich die Verbrennungen billiger im Umland und sehr viel billiger in Tsche-chien vornehmen ließen. Heute obliegt den zwei »modernen« Standorten Ruhleben und Baumschulenweg die Leichenverbrennung für ganz Berlin. Der Berliner Liegenschaftsfonds hat nun die Aufgabe, die überflüssig ge-wordene Immobilie zu vermarkten. Er ist dabei durchaus optimistisch: In den Niederlanden z. B. seien Bibliotheken oder Werbeagenturen in solche Gebäude gezogen. Für Berlin setze man auf die künstlerisch-kreative Sze-ne, die vielleicht einzelne Gebäudeteile kauft. Eine privates Pharmamuse-um wäre denkbar, oder auch die Etablierung des Deutschen ChorZentrums Berlin in dem Gebäudekomplex. Zunächst aber mussten die Urnen wei-chen. Dazu wurde auf dem Internetportal der Stadt Berlin – in lapidarer Sprache und grammatikalisch nicht ganz richtig – mitgeteilt:

»Wegen dem Verkauf des stillgelegten Krematoriums Wedding werden zum 31.12.2011 die Grabanlagen in diesem Gebäude geschlossen. Eine Umbettung der Urnen erfolgt in der Zeit vom 12.12.2011 bis 30.12.2011 in das neu gebaute Kolumbarium, direkt neben dem Krematorium Ge-richtstraße.«

Dass die Toten dabei aus rein merkantilistischen Gründen quasi aus-quartiert wurden, bleibt außen vor. Ein Kolumbarium – von lateinisch »co-lumbarium«: der Taubenschlag – ist übrigens eine auf die Antike zurück-gehende Gebäudeform, in der Aschenurnen in Taubenschlag-ähnlichen Fächern platzsparend deponiert werden.

Das letzte Ziel unseres Spaziergangs ist ein kleiner Exkurs nach Berlin-Kreuzberg und komfortabel mit der U-Bahn zu erreichen. Wir kehren zurück zur Müllerstraße, in die wir links einbiegen, und erreichen nach knapp 300 Metern den U-Bahnhof Wedding. Dort steigen wir in die U6 Richtung Alt-Mariendorf und fahren zehn Stationen bis zu dem direkt am Friedhofsgelände gelegenen U-Bahnhof Mehringdamm.

Exkurs nach Kreuzberg:
Scheintote vor dem Halleschen Tor

FRIEDHOF MEHRINGDAMM
Mehringdamm 21, 10961 Berlin; U-Bhf. Mehringdamm
Öffnungszeiten: täglich 8 – 18 Uhr

»Eine Stadt, sagt man, sei eine Ansammlung von Menschen, die zusammenkamen, weil sie hofften, auf diese Weise besser und glücklicher leben zu können. Die Größe einer Stadt wird man nicht an der Ausdehnung ihrer Anlage oder am Umfang der Befestigungsmauern ermessen, wohl aber an der Vielfalt und Anzahl ihrer Bewohner und an deren Macht.« G. Botero (1533–1617). Seit der ersten urkundlichen Erwähnung Berlins im Jahre 1237 wurden auf dem Territorium des heutigen Berlins vielleicht – fünf bis sechs Millionen Menschen bestattet, mehr als die Hälfte allein in den letzten 100 Jahren.

Aber wie vermeidet man die Beerdigung von Scheintoten? »Der beste Rath bei dieser Sache wäre, wenn man bei jedem Dorfe an einem abgelegenen Orte vor etliche zwanzig Gulden ein kleins festes Häuschen mauerte, welches man wohl verschließen könte; in dieses Häuschen würden die Leichen aus dem ganzen Dorfe gebracht, so bald sie im Sarge lägen und also angekleidet wären; dort deckte man dann den Sarg nicht zu, sondern ließ ihn offen stehen; auch könten des Nachts noch ein paar Freunde bei ihm wachen, weil das doch so üblich ist. In diesem Todtenhäuschen stünde dann die Leiche je nach Befinden zwei, drei, auch wohl bis an den vierten Tag, je nachdem die Umstände es erfordern; denn es gibt Leute, welche nach dem Tode stark überlaufen; alle aber, die überlaufen, sind gewiß todt, und brauchen nicht länger zu stehen. Andere sind dick und vollblütig, und fangen bald an zu faulen, auch diese sind gewiß todt, wenn sie anfangen zu riechen …. Daß auch ein vermeinter Todter noch am dritten Tage erwachen kan, davon weiß ich … so rathe ich zum Todtenhäuschen ausser dem Dorfe oder der Stadt, dahin müssen die Leichen gebracht werden, so bald sie im Sarge sind, dann schaden sie den Lebendigen nicht mehr, und werden doch auch nicht lebendig begraben …« (Aus: Johan Heinrich Jung-Stilling: *Lehrbuch der Staatspolizeiwissenschaft,* 1788)

Nachdem in anderen Ländern Europas, z.B. Frankreich oder Dänemark, schon Mitte des 18. Jahrhunderts Leichenhäuser auftauchten, wurde das erste Leichenhaus in Deutschland 1792 auf Anregung von Christoph Wilhelm Hufeland, dem wohl berühmtesten Arzt seiner Zeit, in Weimar errichtet. Er hatte über die »Kraft der Elektrizität bei Scheintoten« promoviert und in einer 1791 erschienenen Schrift: »Über die Ungewissheit des Todes« den Bau von Leichenhäusern gefordert, in denen die Toten fünf bis sieben Tage lang aufgebahrt werden sollten, um die Beerdigung von Scheintoten zu vermeiden. Ende des 18. Jahrhunderts war die Feststellung des Todes eine höchst umstrittene Wissenschaft. »Es scheint die Grenzlinie zwischen Tod und Leben bei weitem nicht so bestimmt und entschieden zu sein, als man gewöhnlich glaubt«, schrieb Hufeland. Auf seine Initiative hin wurde auch an der Charité 1811 das erste Berliner Leichenhaus errichtet.

Der Dichter Theodor Fontane schrieb an seinen Freund Friedländer im Mai 1892: »In Indien wurden früher die Alten auf grosse Bäume am Ganges gesetzt und dann begann ein grosses Schütteln. Die sich nicht mehr halten konnten, fielen in den Fluss und wurden weggeschwemmt. Wenn man in die Herzen sehen könnte, würde man finden, dass dies Verfahren auch bei uns stille Anhänger zählt.« Fontane starb nach Angaben des Medizinhistorikers Heinrich Schipperges 1898 im für damalige Verhältnisse hohen Alter von 81 Jahren an den Folgen eines Schlaganfalls. In seinem ersten Roman »Irrungen, Wirrungen« bezeichnete er die Region um das Hallesche Tor als echte »Friedhofsgegend« – in unmittelbarer Nähe befinden sich zwölf Friedhöfe. Fontanes Bücher, Beiträge in Zeitungen und Beschreibungen Berlins können auch als eine Art Berliner Stadtarchiv angesehen werden.

Die Friedhöfe vor dem Halleschen Tor gehen auf eine Schenkung Friedrich Wilhelms I. im Jahre 1735 zurück, der das Gelände außerhalb der damaligen Stadtmauern den Friedrichstädtischen Gemeinden zuweisen

Portal am Mehringdamm, 2012

ließ. Die enorme Vergrößerung der städtischen Siedlungsfläche und das damit verbundene rasche Anwachsen der Bevölkerung hatten Bestattungsflächen in der Stadt unmöglich gemacht. Die Bevölkerung lehnte die neuen Begräbnisstätten vor dem Halleschen Tor aufgrund ihrer abgeschiedenen Lage und des hohen Grundwasserstandes zunächst ab und bezeichnete sie wegen der bescheidenen Ausstattung als Armenfriedhof. Das änderte sich, als 1767 eine feste Mauer aus Kalksteinen samt einem kunstvollen Portal um das Gelände gezogen wurde und die Anlage von Wegen und Alleen, die Pflanzung von Bäumen und neue Bestattungsbräuche wie die Errichtung aufwändiger Grabmäler das Erscheinungsbild zum Positiven veränderten. Ab Ende des 18. Jahrhunderts wurde das Gelände ständig erweitert, zuerst für die Gemeinden der Jerusalems- und Neuen Kirche und der Dreifaltigkeitskirche. Auf beiden Friedhöfen wurden Leichengewölbe gebaut, wie schon zuvor auf dem ersten Kirchhof der Jerusalems- und Neuen Kirche.

Im Jahre 1819 gab es die nächste Erweiterung, den »III. Kirchhof der Jerusalems- und Neuen Kirchengemeinde«. Dieser entwickelte sich zwischen 1820 und 1837 zum Hauptbegräbnisplatz vor dem Halleschen Tor. Ein Gittertor mit massiven Pfeilern neben dem 1839 eingeweihten »Leichen- und Rettungsgebäude für Scheintodte« bildete den heute noch bestehenden Eingang zum Mehringdamm (Belle-Alliance-Straße).

Die Erweiterung des böhmischen Friedhofs im Jahre 1827 brachte die Vergrößerung des Friedhofsareals zum Abschluss. Gegen Ende des 19. Jahrhunderts wurden die Friedhöfe vor dem Halleschen Tor vom enormen Wachstum Berlins eingeholt: Das umliegende Gebiet entwickelte sich zu einem dicht besiedelten Wohnquartier mit geschlossener Bebauung.

Bedeutende Berliner liegen auf den Friedhöfen vor dem Halleschen Tor begraben:

- Georg Wenzeslaus von Knobelsdorff (1699–1753), Architekt
- Antoine Pesne (1683–1757), preußischer Hofmaler
- Felix Mendelssohn Bartholdy (1809–1847), Komponist
- Heinrich von Stephan (1831–1897), Schöpfer der Reichspost
- Rahel Varnhagen von Ense (1771–1833), Schriftstellerin und Salonière
- Ernst Ludwig Heim (1747–1834), Mediziner
- Henriette Herz (1764–1847), Literatin, Inhaberin eines Salons
- August Wilhelm Iffland (1759–1814), Schauspieler, Theaterdirektor, Dichter
- Adelbert von Chamisso (1781–1838), Dichter, Naturforscher
- E. T. A. Hoffmann (1776–1822), Schriftsteller, Komponist, Dirigent, Maler
- Ernst Schering (1824–1889), Apotheker, Unternehmer

In der ersten Hälfte des 19. Jahrhunderts war die Angst, lebendig begraben zu werden, noch weit verbreitet. Die schlesische Dichterin Friederike Kempner, die aufgrund ihrer unfreiwillig komischen Gedichte in jener Zeit verlacht wurde, brachte das folgendermaßen zum Ausdruck:

Sorglos aalen sich die Reichen,
Andern sind die Gelder knapp,
Und noch ungestorb'ne Leichen
Senkt zum Orkus man hinab.
Wißt Ihr nicht, wie weh das thut,
Wenn man wach im Grabe ruht?

Auch in den Friedhöfen am Halleschen Tor sorgte man sich um die Scheintoten. Durch eine Stiftung konnte die »Jerusalem- und Neue Kirchengemeinde« 1839 ein »Leichen- und Rettungsgebäude für Scheintodte« auf dem Friedhof vor dem Halleschen Tor errichten. Der heute noch erhaltene Bau ist zwischen Friedhofskapelle und Wohnung des Leichenwächters eingebettet und verfügte über je eine Kammer für weibliche und männliche Leichen. Dazwischen befand sich das Zimmer für den Wächter, das durch Glastüren mit den Leichenkammern verbunden war. Dessen Aufgaben sind neben anderen in einem »Statut für die Benützung des Leichenhauses auf dem Begräbnißplatz vor dem Halleschen Thore« vom 5. Juni 1840 festgehalten. Hier ein Auszug:

Leichenhalle, Friedhofsgärtnerwohnung, Trauerhalle, 2012

»§10

Der bei der Anstalt anzustellende Wächter, der wegen der Wichtigkeit seiner Stellung, vereidigt werden wird, muß verheirathet sein, weil es zweckmäßig ist, der Frau insbesondere die Beaufsichtigung der weiblichen Leichen zu übertragen. Beide Personen müssen einen unbescholtenen nüchternen Lebenswandel und ein wohlgeordnetes Familienleben führen. ...

2. Sind Leichen in den Zimmern aufgestellt, so muß bei Tageszeit er, oder wenn er anderweitig auf dem Begräbnißplatze beschäftigt ist, seine Frau im Hause anwesend sein und fleißig nach den Leichen sehen. Bei Nacht hat er seinen Schlafort in dem zwischen den Leichenzimmern liegenden Gemach, um sogleich bei der Hand zu sein, wenn bei einem Leichnam die leisesten Lebenszeichen sich äußern sollten.

3. In diesem Falle hat er unverzüglich dem Todtengräber die Anzeige zu machen, der alsdann das Weitere veranlaßt, namentlich zunächst den Arzt der Anstalt zu berufen hat und bei den anzustellenden Wiederbelebungsversuchen Hülfe leisten muß. Bis zur Ankunft des Arztes muß, damit keine Zeit verloren geht und der vielleicht noch mögliche Erfolg der Belebungsversuche nicht vereitelt wird, indeß auch der Wächter selbst zu

Belebungsversuchen schreiten, und wird deshalb mit der erforderlichen sachgemäßen Instruction seitens des Arztes der Anstalt versehen werden.

4. Der Wächter ist verpflichtet, die höchste Reinlichkeit im Hause zu erhalten. In seiner Familie muß es ruhig und anständig zugehen, es dürfen in seiner Wohnung unter keiner Bedingung Zusammenkünfte fremder Personen stattfinden, und es darf Niemand von ihm beherbergt werden.

…

9. Sollte ein unter seine Obhut gestellter Scheintodter wieder ins Leben zurückgeführt werden, so soll ihm eine Belohnung von Fünfzig Thalern aus dem Fonds der Anstalt gezahlt werden. Was in solchem Falle die Angehörigen ihm als Geschenk machen möchten, soll hierbei nicht in Betrachtung kommen.«

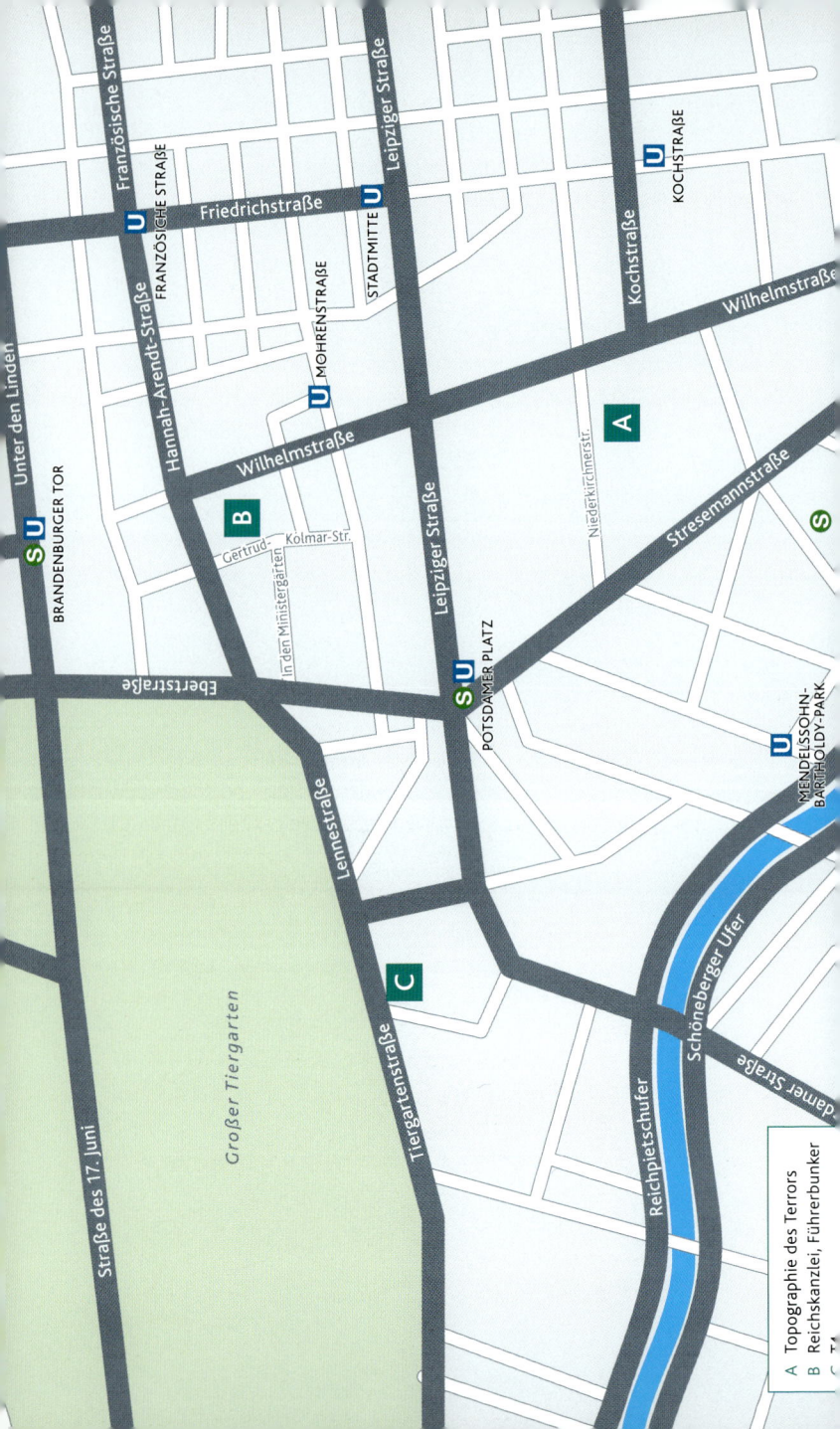

Französische Straße

Leipziger Straße

KOCHSTRAßE

FRANZÖSICHE STRAße

Friedrichstraße

STADTMITTE

MOHRENSTRAße

Kochstraße

Wilhelmstraße

Unter den Linden

Hannah-Arendt-Straße

Wilhelmstraße

A

Niederkirchnerstr.

Stresemannstraße

BRANDENBURGER TOR

B

Gertrud- Kolmar-Str.

In den Ministergärten

Leipziger Straße

S

Ebertstraße

Lennéstraße

POTSDAMER PLATZ

MENDELSSOHN-
BARTHOLDY-PARK

Großer Tiergarten

C

Tiergartenstraße

Schöneberger Ufer

Reichpietschufer

...damer Straße

Straße des 17. Juni

A Topographie des Terrors
B Reichskanzlei, Führerbunker

Nationalsozialismus

Topographie des Terrors

GEDENKSTÄTTE
Niederkirchnerstraße 8, 10963 Berlin
S/U Bhf. Potsdamer Platz, U-Bhf. Kochstraße
Öffnungszeiten: täglich 10–20 Uhr,
Außenbereiche bis Einbruch der Dunkelheit (spätestens 20 Uhr)
www.topographie.de

5

Nach Angaben von Amnesty International ist 60 Jahre nach der Verabschiedung der »Allgemeinen Erklärung der Menschenrechte« Folter immer noch bedrückend aktuell. In zahlreichen Ländern stehen Folterungen nach wie vor auf der Tagesordnung. Den Berichten zufolge, die Amnesty International vorliegen, sind von den ca. 120 000 in Deutschland lebenden Kriegsflüchtlingen und Asylbewerbern etwa 25 Prozent in ihren Heimatländern gefoltert worden. Gleichzeitig hat der »Krieg gegen den Terror« die Folter scheinbar wieder salonfähig gemacht. Auch in Deutschland gibt es immer wieder Stimmen, die laut über eine Auflockerung des Folterverbots nachdenken.

Wann der Gedanke, es sei zulässig, unter bestimmten Umständen Menschen planvoll zu quälen, entstanden ist, lässt sich heute nicht mehr bestimmen. Der Ursprung der Folter liegt sehr wahrscheinlich in archaischen, vorstaatlichen Zeiten begraben, als es keine übergeordneten Rechtssysteme gab und man darauf angewiesen war, sich selbst das zu verschaffen, was man für Gerechtigkeit hielt – also in Zeiten, in denen kein Unterschied gemacht wurde zwischen persönlicher Rache und allgemein gültigem Recht, zwischen dem unklaren Bedürfnis, einem Menschen, der in irgendeiner Form gegen die Regeln der Gemeinschaft verstoßen hatte, seine Regelverletzung möglichst heftig vor Augen zu führen, alle anderen davon abzuschrecken, denselben Fehler zu begehen und schließlich persönliche Rache zu nehmen. Die »Allgemeine Erklärung der Menschenrechte« wurde am 10. Dezember 1948 von der Generalversammlung der Vereinten Nationen im Palais de Chaillot in Paris genehmigt und verkündet. Sie war eine Folge der Missachtung der Menschenrechte unmittelbar nach den grausamen Praktiken der Nazi-Herrschaft.

Hans Fallada schrieb Ende 1946 innerhalb von vier Wochen den Roman »Jeder stirbt für sich allein«, sein letztes Werk. Es ist die berührende Geschichte des Widerstandes gegen das Nazi-Regime, aber auch eine eindrucksvolle Darstellung der gefürchteten Gestapo-Praktiken, von Folter und Terror. Das Buch wurde ein Welterfolg und in viele Sprachen übersetzt. Dem Roman liegt die Geschichte des Weddinger Ehepaars Otto und Elise Hampel zugrunde, die im April 1943 in Plötzensee hingerichtet wurden. Im Roman Falladas heißen sie Otto und Anna Quangel. Für Fallada symbolisierte die Gestapo-Zentrale die Praktiken der Menschenverachtung. Er beschreibt die grausamen Foltermethoden der Gestapo und die entwürdigenden Haftbedingungen, denen die Quangels in den Kellern und Bunkern der Gestapo-Zentrale bis zur Verhandlung vor dem Volksgerichtshof ausgesetzt sind – ob und wie lange die Hampels dort waren ist nicht bekannt. Die Verhaftung und Vernehmung des Ehepaars Hampel erfolgte durch Kriminalsekretär Willy Püschel, der im Referat IV A 1 der Staatspolizeileitstelle der Gestapo in der Burgstraße 28 »Kriegsdelikte« und »Feindpropaganda« bekämpfte. Auch dort wurde gefoltert.

Was lag vor? Nachdem Elise Hampels Bruder 1940 an der Westfront gefallen war, begann das Arbeiterehepaar mit ihrem Widerstand gegen das Nazi-Regime. Sie schrieben in ungelenker und teilweise fehlerhafter Schrift bis 1942 mehr als 200 Postkarten und Flugzettel, die sie heimlich in Hausfluren in Mitte, Moabit, Schöneberg, Charlottenburg, Kreuzberg und Wedding auslegten: »Nieder mit der Hitler Regierung! Nieder mit dem Zwangs Elends Dicktat in unser Deutschland!« – »Alle helfen mit der Verbrecherischen Kriegs-Maschine ein Ende zu bereiten!!! Wir müssen uns zur Wehr setzen!!!« Nahezu alle Postkarten des Ehepaars wurden von den Findern sofort bei der Polizei und der Gestapo abgegeben. Dennoch dauerte es zwei Jahre, bis sie gefasst wurden. Die letzte Postkarte legten die Hampels am Nollendorfplatz aus, in der Eisenacher Straße 122.

Das heute sogenannte »Prinz-Albrecht-Gelände« zwischen Niederkirchner- und Anhalter Straße, Wilhelm- und Stresemannstraße – spärlich bebaut mit dem Martin-Gropius-Bau, der »Topographie des Terrors« sowie

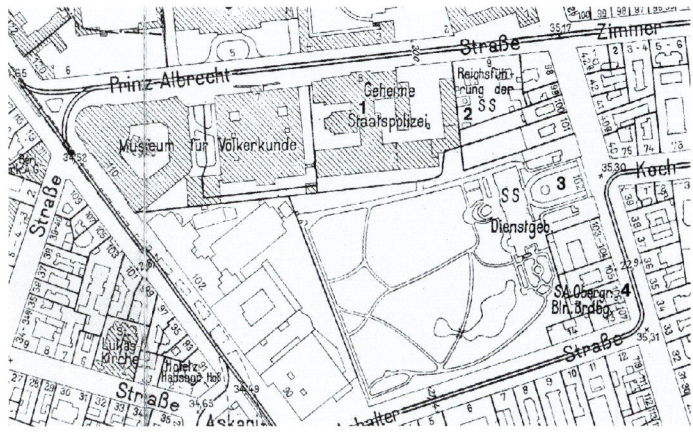

»Prinz-Albrecht-Gelände«

dem Deutschland- und Europahaus – war bis zum Ende des Kaiserreiches ein feudales Parkgelände mit einem von zweistöckigen Barockbauten flankierten Hohenzollernpalais entlang der Wilhelmstraße sowie drei monumentalen Museumsbauten und einem Hotel entlang der Prinz-Albrecht-Straße (heute Niederkirchnerstraße). Das änderte sich in der Weimarer Republik, denn die entmachteten Hohenzollern waren gezwungen, das Prinz-Albrecht-Palais zu vermieten und die Randgrundstücke des Lenné-Parks, auf denen Neubauten errichtet wurden, zu verkaufen. Zur gleichen Zeit veränderte sich die Museumslandschaft durch die Enteignung der Hohenzollernschlösser: Das Kunstgewerbemuseum zog aus dem Gropius-Bau ins Berliner Schloss, seinen Platz nahm das Museum für Vor- und Frühgeschichte ein. Die zum Kunstgewerbemuseum gehörende, danebengelegene Kunstschule zog in den Komplex der Hochschule der Künste in der Hardenbergstraße. Das nun leer stehende Gebäude in der Prinz-Albrecht-Straße 8 wurde 1933 vom Amt der Geheimen Staatspolizei (Gestapo) bezogen, direkt daneben, im Hotel Prinz Albrecht, quartierte sich nach ihrem Umzug aus München die »Reichsführung der SS« ein. Da auch das Prinz-Albrecht-Palais und die angrenzenden Gebäude an der Wilhelmstraße in SS- (bzw. SA-)Hände übergingen, war hier, quasi zufällig, ein zentraler Ort der für Unterdrückung, Bespitzelung, Folter und Ausrottung zuständigen NS-Institutionen entstanden. Zusammen mit der SS wurde die Gestapo reichsweit zum zentralen Macht- und Terrorinstrument

Grundmauern Gestapozentrale, Berliner Mauer, Luftfahrtministerium, 2012

Ausstellungsgebäude Topographie des Terrors und Luftfahrtministerium, 2012

des Nationalsozialismus, ihre Reichszentrale in der Prinz-Albrecht-Straße 8 zur gefürchtetsten Adresse Berlins. Heinrich Himmler als »Reichsführer SS« und Reinhard Heydrich als »Chef der Sicherheitspolizei und des SD« sowie andere Hauptverantwortliche für den Naziterror hatten hier ihre Büros. Sogleich nach der Machtübernahme hatte man die ehemaligen Unterrichtsräume im Souterrain des Südflügels zu 38 Einzelzellen und einer Gemeinschaftszelle umgebaut, in denen die Gefangenen untergebracht wurden, die man in den entsprechenden Büros des Gebäudes verhörte. Es war durchaus üblich, Verdächtige brieflich zum Verhör in der Prinz-Albrecht-Straße 8 einzubestellen, was große Ängste bei den Betroffenen auslöste. Folterungen wurden von einem großen Teil der Gefangenen bezeugt, sie fanden in den Vernehmungsbüros statt und wurden in der Regel so durchgeführt, dass keine äußerlich sichtbaren Verletzungen blieben. Außerdem sprach man, wenn denn solche Maßnahmen überhaupt erwähnt wurden, nur von »verschärfter Vernehmung«. Die hier Verhörten wurden anschließend dem »Volksgerichtshof« zur Verurteilung überstellt, oft in Konzentrationslager eingewiesen, manchmal auch wieder frei gelassen. Die Liste der Festgehaltenen umfasst bisher 3000 Namen, darunter sehr viele Prominente. Insgesamt geht man von 15 000 Personen aus, die hier kurzfristig inhaftiert waren.

Die Haftgründe bezogen sich 1933 besonders auf den Reichstagsbrand, 1934 auf den Röhm-Putsch, in dessen Verlauf sich die NSDAP vieler ihr nahestehender Kritiker entledigte. Hitlers Konkurrent Gregor Straßer wurde im Keller des Gebäudes erschossen, seine Leiche zerteilt und in Säcken herausgeschafft. Widerstand aufgrund von SPD- oder KPD-Mitgliedschaft wurde die gesamte NS-Zeit über verschärft verfolgt, prominente SPDler der späteren BRD waren der langjährige Bundesschatzmeister Alfred Nau, der Fraktionsvorsitzende Fritz Erler und der Parteivorsitzende Kurt Schumacher, bekannte Kommunisten Erich Honecker und Ernst Thälmann. Auch kritische Künstler wie Werner Finck, nicht angepasste Kirchenleute wie Martin Niemöller und besonders die Widerständler des 20. Juli 1944 standen im Visier der Gestapo und saßen hier ein.

Im der Gestapozentrale benachbarten Hotel Prinz Albrecht, dem SS-Haus, richtete Heinrich Himmler die wichtigsten SS-Führungsstellen ein. Dazu gehörte sein persönlicher Stab, die Verwaltungszentrale und die spätere Personalkanzlei. Die gesamte verbrecherische Tätigkeit der SS, so auch der millionenfache Völkermord, wurden von diesem Ort aus koordiniert.

An der Wilhelmstraße, im angrenzenden Gebäude des SS-Hauses war bis zu ihrem Umzug nach Oranienburg die Inspektion der Konzentrationslager unter ihrem berüchtigten Leiter Theodor Eicke untergebracht.

Im noblen Prinz-Albrecht-Palais an der Wilhelmstraße arbeitete ursprünglich Heydrichs SD, ein NS-interner Geheimdienst. Seit 1939 etablierte Himmler hier das Reichssicherheitshauptamt (RSHA), eine Institution, die den gesamten NS-Gewaltapparat zusammenfasste. Chef wurde Heydrich, der aber nicht mehr dazu kam, sein in einem der Prunkräume gelegenes Dienstzimmer zu beziehen, weil er 1942 in Prag einem Attentat zum Opfer fiel. Sein Nachfolger Ernst Kaltenbrunner wurde im Nürnberger Prozess zum Tode verurteilt und exekutiert. Unvorstellbare Verbrechen wurden von den dieser Behörde unterstellten SS-Einsatzgruppen in den besetzten Gebieten Osteuropas begangen, planmäßige Massaker an staatlichen und kulturellen Repräsentanten sowie an Roma und vor allem an Juden. Über 500 000 Menschen fielen diesen Aktionen zum Opfer. Im Referat IV B 4 des RSHA – das allerdings in einer Außenstelle agierte – organisierte SS-Obersturmbannführer Adolf Eichmann als Synonym des Schreibtischtäters den bürokratischen Teil der »Endlösung der Judenfrage«.

Bombenkrieg und Endkampf um Berlin legten das gesamte Prinz-Albrecht-Gelände in Trümmer. Da das Areal nun in eine Randlage an der Sektorengrenze geraten war, zeigte der Senat von Berlin nicht viel Interesse daran. Er ließ es – einschließlich der wiederaufbaufähigen Gebäude – enttrümmern und planieren. Lediglich der Martin-Gropius-Bau wurde lange Jahre als Ruine belassen und seit 1978 wieder aufgebaut. Die schreckliche Vergangenheit des Ortes verdrängte man völlig. Das skurrile Original »Straps-Harry« betrieb auf dem Ort des Prinz-Albrecht-Palais ein »Autodrom« für führerscheinfreies Fahren und warb auf einem Megaposter für »Dreamboy's Lachbühne«. Daneben arbeitete eine Bauschuttrecycling-Anlage. Erst nach der Inbetriebnahme des Martin-Gropius-Baus entwickelte sich langsam ein Bewusstsein für die Bedeutung des Areals und es entstand der Wunsch, die »Topographie des Terrors« wieder sichtbar zu machen. Leider dauerte es 23 lange Jahre, bis das Projekt realisiert werden konnte, jedoch kann sich das Ergebnis durchaus sehen lassen: Um das in schlichten Formen gehaltene Ausstellungsgebäude mit einer aussagekräftigen Dokumentation erstreckt sich das grau geschotterte »Exponat Nr. 1«, das Prinz-Albrecht-Gelände, auf dem ein betonierter

Weg zu 15 Erinnerungsstationen führt, die an den spärlichen historischen Resten platziert und mit guten Informationstafeln ausgestattet sind. Über der – ziemlich leeren – Gedenkstätte liegt ein, der Vergangenheit durchaus angemessener, morbider Zauber, der durch die das Gelände flankierenden Überreste der Berliner Mauer und das angrenzende monumentale ehemalige Luftfahrtministerium Hermann Görings noch unterstrichen wird.

Wir verlassen das Gelände der Gedenkstätte, folgen der Niederkirchnerstraße in westlicher Richtung und biegen nach ca. 300 Metern rechts in die Stresemannstraße ein. Wir folgen der Stresemannstraße, die zur Ebertstraße wird, und überqueren dabei den Potsdamer Platz. Nach gut 600 Metern biegen wir rechts in die Straße In den Ministergärten ein, der wir bis zur Ecke Gertrud-Kolmar-Straße folgen.

5

Misstraut den Grünanlagen (III)

REICHSKANZLEI, FÜHRERBUNKER
Gertrud-Kolmar-Straße, Ecke In den Ministergärten, 10117 Berlin
S/U-Bhf. Potsdamer Platz

Als bereits erste sowjetische Stoßtrupps in den nordöstlichen Berliner Stadtrand eindrangen, empfing Hitler am Nachmittag des 20. April 1945 im Bunker unter der Reichskanzlei aus Anlass seines 56. Geburtstags ein letztes Mal Teile der politischen Führung des NS-Regimes. Noch immer waren sie von der Kriegswende überzeugt, wozu auch der als »Fügung des Schicksals« angesehene Tod des amerikanischen Präsidenten Franklin D. Roosevelt am 12. April beigetragen hatte. Während bei der im Bunker verbliebenen NS-Führung in den letzten Apriltagen zwanghaft Optimismus und Hoffnung herrschten, breitete sich in ihrer Umgebung eine sonderbar bizarre Weltuntergangsstimmung aus. Wiederholt ließ Hitler um Ruhe bitten, wenn alkoholisierte SS-Wachmänner mit den Sekretärinnen der Reichskanzlei tanzten und feierten. Rund zwei Millionen im zerstörten Berlin verbliebene und von täglichen Luft- und Artillerieangriffen zermürbte Einwohner hegten einzig den Wunsch, das auf sie hereingebrochene Inferno unversehrt zu überstehen. Der Tod drohte dabei nicht nur durch sowjetische Granaten. Gemäß einem Führerbefehl Hitlers vom 22. April wurden in den letzten Kriegstagen noch ungezählte Zivilisten und Soldaten von fanatischen Einsatzkommandos der Waffen-SS rücksichtslos erschossen, wenn sie in Verdacht standen, die deutsche Widerstandskraft zu schwächen. Nur in vergleichsweise zähen und verlustreichen Straßenkämpfen gelang es den Sowjets, in das Zentrum Berlins vorzustoßen. Am 30. April hissten Rotarmisten auf der Spitze des zuvor von Freiwilligen der französischen Waffen-SS-Einheit »Charlemagne« verteidigten Reichstags die rote Fahne mit Hammer und Sichel.

Der Ort, von dem millionenfacher Tod in Europa ausging und der auch selbst ein Ort des Todes ist, taucht im heutigen Stadtbild nicht mehr auf. Nichts Sichtbares hat man von ihm übrig gelassen und auch das Umfeld so durchgreifend verändert, dass es ohne Hilfsmittel nicht möglich ist, die Stelle zu lokalisieren, an der Hitler den Tod fand. Ein Hilfsmittel ist die Informationstafel in einer Grünanlage (!), die auf den Standort des ehemaligen »Führerbunkers« hinweist.

Die alte Reichskanzlei war seit 1875 in dem ehemaligen barocken Palais Schulenburg in der Wilhelmstraße untergebracht, das zu den Repräsentativbauten gehörte, die auf Veranlassung Friedrich Wilhelms I. um 1738 in der Friedrichstadt errichtet wurden. Der polnische Adlige Michal Radziwill, dessen Ländereien seit den polnischen Teilungen auf preußischem Gebiet lagen und dessen Sohn eine Preußenprinzessin geehelicht hatte, hatte das für ihn standesgemäße Palais 1796 vom preußischen König Friedrich Wilhelm II. erworben, bevor es 1869 wieder in den Besitz des preußischen Staates kam. Dieser bestimmte es nach Gründung des Kaiserreichs zum »Zentralbureau« des Reichskanzlers Bismarck, der hier 1878 den berühmten Berliner Kongress zur Beendigung der Balkankrise abhielt und eine neue Friedensordnung für Südosteuropa aushandelte.

Mit der Vergrößerung des Regierungsapparates im späten Kaiserreich und der Weimarer Republik stieg der Platzbedarf, deshalb wurde das südliche Nachbargrundstück erworben und in den folgenden Jahren 1928 bis 1930 ein Erweiterungsbau durch Eduard Jobst Siedler errichtet. Nach 1933 richtete Paul Troost, der Architekt von Hitlers Münchener Bauten, die Reichskanzlei neu ein und stattete den Erweiterungsbau mit einem Balkon aus, von dem aus der »Führer« den in der Wilhelmstraße vorbeidefilie-

Grünanlage und Gedenktafel auf dem »Führerbunker«, 2012

renden Massen zuwinken konnte. Nebenan, Ecke Voßstraße/Wilhelmstra-
ße, lag das seit 1934 ebenfalls in Reichsbesitz befindliche Palais Borsig in
prunkvollem Gründerstil. Hinter allen Gebäuden der westlichen Seite der
Wilhelmstraße befanden sich die »Ministergärten«, die das Areal zwischen
den Palästen und der Akzisemauer einnahmen.

Im Vorgriff auf die monströsen Pläne zur Umgestaltung der Reichs-
hauptstadt beauftragte Hitler den jungen Albert Speer, eine Neue Reichskanzlei zu errichten. Als Baugrund war dabei die gesamte Nordfront der
Voßstraße vorgesehen, was einer Gebäudefront von 421 Meter Länge
entsprach. Die Planungen begannen 1934 und ab 1935 wurden die 18 Gebäude der Voßstraße Stück für Stück aufgekauft. Das Palais Borsig sollte nicht abgerissen, sondern in den Neubau integriert werden. Die von
Hitler verkündete angebliche »Rekordbauzeit« von nur elf Monaten für
das Gesamtbauwerk gehört ins Reich der Legende. Mitte 1937 war die
Ausführungsplanung bereits in vollem Gang, im Herbst desselben Jahres
begann der Abriss der Altbauten. Zum jährlichen Diplomatenempfang am
7. Januar 1939 sollte der Neubau fertiggestellt sein, jedoch gelang es nicht,
alle Arbeiten termingerecht abzuschließen. Weitere Ausbaumaßnahmen
zogen sich noch bis Anfang der vierziger Jahre hin.

Reichskanzlerpalais

Das Innere enthielt völlig überdimensionierte Räume in einschüchterndem Baustil. Hitlers »Arbeitszimmer« besaß allein eine Grundfläche von 400 Quadratmetern. Der Größenwahn setzte sich in buntem Marmor und Granit fort: Ein »Ehrenhof«, 68 auf 26 Meter, straßenlange Raumfluchten, wuchtige Empfangssäle, einer dem antiken Pantheon nachempfunden, eine Marmorgalerie, mit 146 Metern mehr als doppelt so lang wie die Versailler Spiegelgalerie, was Hitler besonders entzückte.

Der Bau des in den ursprünglichen Plänen nicht vorgesehenen »Führerbunkers« begann 1943. Er lag nicht unter der Neuen Reichskanzlei (dort befanden sich die Luftschutzkeller für die Angestellten der Kanzlei und auch für Bewohner der Umgebung), sondern zusammen mit anderen, von Hitlers Entourage genutzten Luftschutzräumen im Garten der Alten Reichskanzlei.

Im Bombenhagel des Endkampfes um Berlin beschloss Hitler, Berlin nicht mehr zu verlassen und zog in den »Führerbunker«. Vom Vorbunker, dem Luftschutzkeller der Alten Reichskanzlei, führte eine steile Treppe noch einmal 2,80 Meter hinab. Giftgassichere Stahltüren schotteten den Bereich ab, die Räume hatten die Größe von Gefängniszellen. Hitlers Arbeitszimmer – ungefähr drei mal drei Meter – war so klein, dass stets

Neue Reichskanzlei

einer der drei Sessel beiseite gerückt werden musste, wenn jemand durch das Zimmer gehen wollte. Das Dauergeräusch des Dieselgenerators zusammen mit permanent hämmernden Artillerieeinschlägen bildeten die Geräuschkulisse einer absurden Welt unter Tage, in der Hitler, schwankend zwischen Euphorie und Depression, seine letzten Tage verbrachte. Wenige Tage vor Kriegsende empfing er im Garten der Reichskanzlei ein letztes Aufgebot von Hitlerjungen, wobei eines der letzten Fotos von ihm entstand.

Der Tod war allgegenwärtig und manifestierte sich auch hier im Bunker: die von Hitler angeordnete Erschießung seines Schwagers Hermann Fegelein, SS-General und Ehemann von Eva Brauns Schwester Gretl, der Selbstmord des »Führers« und seiner ihm erst wenige Stunden vorher im Bunker angetrauten Frau, die Ermordung der Goebbels-Kinder durch ihre Mutter Magda, gefolgt vom eigenen Selbstmord und dem ihres Mannes. Dazu das makabre Schauspiel der – nur teilweise erfolgreichen – Verbrennung der Leichen Hitlers und Eva Brauns sowie von Joseph und Magda Goebbels.

In Scharen pilgerten unmittelbar nach Kriegsende alliierte Soldaten, Journalisten und Politiker zur im Vergleich zum übrigen Stadtzentrum nur leicht beschädigten Neuen Reichskanzlei und zum »Führerbunker«

Hitler zeichnet Jugendliche des Volkssturms aus, 20. März 1945

im sowjetischen Sektor Berlins. Der britische Premierminister Winston Churchill, der selbst einen Großteil des Krieges in einem Bunker verbracht hatte, ließ sich im Juli 1945 detailliert erklären, wo Hitlers Leben endete. Als den Sowjets der »Gruseltourismus« zu viel wurde, sprengten sie 1947 Teile der Schutzräume und verfüllten die Eingänge. Auch die Neue Reichskanzlei als eines der zentralen Symbole Hitlerscher Macht ließen sie von 1949 bis 1953 abräumen. 1988 beseitigte das SED-Regime die letzten verbliebenen Reste und errichtete auf dem Gelände Plattenbauten mit Wohnungen für Politfunktionäre.

Wir gehen die Straße In den Ministergärten zurück, überqueren die Ebertstraße, und gelangen auf die Lennestraße, die zur Tiergartenstraße wird. Nach gut 600 Meter erreichen wir linkerhand den Gedenkort.

Aktion T4

GEDENKORT TIERGARTENSTRASSE

Tiergartenstraße 4, 10785 Berlin; S/U-Bhf. Potsdamer Platz
frei zugänglich, Gedenkstätte in Planung

Im antiken Griechenland – wie auch in anderen Kulturen – wurde zwischen zwei Arten des Todes unterschieden: einem Tod, der »an der Zeit« ist (thanatos), wie etwa auch der Schlaf, und einem vorzeitigen Tod, der die Menschen aus dem Leben reißt (ker). Der Begriff der »Euthanasie« bezog sich ursprünglich nur auf den »thanatos«-Tod. (Drechsel 1993, S. 20)

Im ersten Drittel des 20. Jahrhunderts erfuhr der Begriff Euthanasie eine Erweiterung, durch die der Unterschied zwischen »thanatos« und »ker« verwischt wurde. Dies führte nicht nur zur Rechtfertigung der Tötung »minderwertigen Lebens« durch nationalsozialistische Ärzte, sondern beeinflusst auch heute noch die Diskussion zur Sterbehilfe nachhaltig. Diese systematische, ideologische Instrumentalisierung des Begriffs Euthanasie lässt sich aus den Definitionen in den Konversationslexika aus unterschiedlichen Jahren deutlich erkennen:

Brockhaus Konversations-Lexikon 1902: Euthanasie (grch.), Todeslinderung, dasjenige Verfahren, durch welches der Arzt den als unvermeidlich erkannten Tod für den Sterbenden möglichst leicht und schmerzlos zu machen sucht, besteht hauptsächlich in zweckmäßiger Lagerung, Fernhaltung aller äußeren Störungen, Linderung der Schmerzen durch anästhetische und narkotische Mittel (s. auch Arzt, Bd. 17), Sorge für frische Luft und zeitweiligem Einflößen von milden und labenden Getränken. Bei dem scharfen Gehör, welches Sterbende bis zum letzten Augenblicke zu haben pflegen, ist die größte Vorsicht hinsichtlich aller Äußerungen der Umgebung geboten. (Drechsel 1993, S. 23 f.)

Meyers Konversations-Lexikon 1926: Euthanasie (griech., »schöner Tod«), gewöhnlich ein schönes, würdiges Sterben; in der Medizin Sterbehilfe, die vom Arzt durch geeignete Mittel herbeigeführte Erleichterung schweren Sterbens augenscheinlich zugrunde gehender Kranker. Die schon von K. Binding unterstützte Euthanasiebewegung fordert Straflosigkeit für Ausführung der E. (Drechsel 1993, S. 24)

Der Große Brockhaus 1930: Euthanasie (grch.), Todesbehagen, das Gefühl des Wohlseins beim Sterbenden, das vom Arzt, wenn er den Tod als unvermeidlich erkannt hat, durch Schmerzbetäubung und Anwendung narkotischer Mittel gefördert werden darf. Eine absichtliche Tötung zur Erlösung eines Schwerkranken mit narkotischen Mitteln, auch bei unvermeidlichem Tode, wird bestraft. (→ Sterbehilfe.) (Drechsel 1993, S. 25)

Der Große Brockhaus 1930/34: Sterbehilfe, grch. Euthanasie, die Abkürzung lebensunwerten Lebens, entweder im Sinn der Abkürzung von Qualen bei einer unheilbaren langwierigen Krankheit, also zum Wohle des Kranken, oder im Sinn der Tötung z. B. idiotischer Kinder, also zugunsten der Allgemeinheit. (Drechsel 1993, S. 25)

Zur Initialzündung der »Euthanasie« während der Zeit des Nationalsozialismus wurde am 25. Juli 1939 der Fall »Kind K.«, ein blind, ohne linken Unterarm und mit nur einem Bein geborener Säugling. Das Todesdatum des Kindes markiert einen wichtigen Wendepunkt in dem Entscheidungsprozess zur Ausführung des »Euthanasie«-Programms. Die Eltern des Kindes hatten sich mit einem Gesuch um einen »Gnadentod« an die NS-Organisation »Kraft durch Freude« (KdF) gewandt. Sie begründeten ihr Anliegen damit, dass ihr Kind nach Auskunft des Direktors der Universitätskinderklinik Werner Catel nie »normal« sein würde und das Leben solcher »Wesen« überdies wertlos sei.

Der Begleitarzt Hitlers, Karl Brandt, veranlasste den Mord des Kindes durch »Einschläferung«. Hitler befahl anschließend, dass in vergleichbaren Fällen ebenso zu verfahren sei. Dieser in Form eines Geheimerlasses erfolgte Befehl Hitlers ist die einzige »Rechtsgrundlage«, auf deren Basis in den Jahren 1939 – 45 »Euthanasie« praktiziert wurde. Der von Theo Morell, einem Arzt, der mit teilweise kurpfuscherischen Methoden viele Prominente behandelte und 1936 Hitlers Leibarzt wurde, initiierte Entwurf eines Sterbehilfegesetzes, welcher im Frühjahr 1940 in der KdF ausgearbeitet wurde, stieß auf Hitlers Ablehnung. Eine gesetzliche Grundlage für die im Nationalsozialismus praktizierte »Euthanasie« hat es daher zu keiner Zeit gegeben. Nach dem Strafgesetzbuch war aktive Sterbehilfe sogar verboten.

Am Rande des großen Tiergartens verläuft die Tiergartenstraße, jetzt noble Adresse für Botschaften, Museen und die Philharmonie. Vor dem Krieg befand sich hier ein gehobenes Wohngebiet, das sogenannte Geheimratsviertel. In Albert Speers gigantomanischen Umbauplänen für die »Welthauptstadt Germania« 1937 – 43 war es zum Abriss vorgesehen, allerdings kamen nur kleine Teile der Planung zur Ausführung. Am Anfang der Tiergartenstraße, unweit des Potsdamer Platzes, stand eine klassizistische Villa

Villa Tiergartenstraße 4

mit der Hausnummer 4. Diese war 1939 von den Nazis »arisiert« und zum Dienstsitz einer Behörde bestimmt worden, die sich mit der Organisation der »Vernichtung lebensunwerten Lebens« befasste. Da die Arbeit der Dienststelle als streng geheim eingestuft war, bürgerte sich unter den Bürokraten die Bezeichnung »Aktion T4« – abgeleitet von der Adresse Tiergartenstraße 4 – für ihre Tätigkeit ein. 1939 nahm die Behörde ihre »Arbeit« auf, insgesamt fielen ihr über 200 000 Menschen zum Opfer.

In einem Schreiben auf privatem Briefpapier hatte Hitler 1939 dekretiert:

»Reichsleiter Bouhler und Dr. med. Brandt sind unter Verantwortung beauftragt, die Befugnisse namentlich zu bestimmender Ärzte so zu erweitern, dass nach menschlichem Ermessen unheilbar Kranken bei kritischster Beurteilung ihres Krankheitszustandes der Gnadentod gewährt werden kann.«

So wurden von 1939 bis 1941 in sechs Tötungsanstalten zunächst 70 000 Patienten – meist mit Giftinjektionen – getötet. Obwohl man das Verbrechen verschleierte und den Angehörigen einen »normalen« Tod der Opfer vortäuschte, erregte die Aktion so viel Aufsehen und Widerstand (u. a. von dem Juristen Lothar Kreyssig aus Brandenburg und Bischof

Graf von Galen aus Münster), dass sie 1941 formal abgebrochen wurde. Gleichzeitig war bereits die »Endlösung der Judenfrage« angelaufen, und so wurden viele an der Aktion T4 Beteiligte als »Spezialisten« in den Vernichtungslagern eingesetzt. Die »Vernichtung lebensunwerten Lebens« kam dadurch aber keineswegs zum Erliegen: Unter dem Decknamen 14f13 (diesmal nach einem Aktenzeichen benannt) setzte man – nun dezentral und weit weniger offensichtlich – die Aktion fort und bediente sich ab jetzt der in den Konzentrationslagern entwickelten »effektiveren Methoden« wie der Herbeiführung des Todes durch Erschöpfung und Hunger bzw. durch Vernichtung in Gaskammern.

Nach wie vor lag das Erstellen von Gutachten, die Organisation des Transports in die Tötungsanstalten und die Verantwortung für die Exekution in den Händen der – vom KZ-Personal sogenannten – »berühmten Berliner Organisation« der T4. Die Tötungen erfolgten in den dafür bestimmten Anstalten Grafeneck, Brandenburg, Hartheim, Sonnenstein, Bernburg und Hadamar, die ihre Tätigkeit bis in den Winter 1944/45 aufrecht erhielten.

Im Bombenhagel des Zweiten Weltkrieges wurde das Viertel um den Potsdamer Platz in Trümmer gelegt, so auch die Villa in der Tiergartenstraße 4. Ihre Reste wurden beseitigt und der Tatort »vergessen«.

Auch die Verbrechen der Täter entschwanden dem Bewusstsein der Öffentlichkeit. Nur wenige Verantwortliche hatten 1945 Selbstmord begangen (wie Philipp Bouhler) oder waren in Nürnberg verurteilt worden (wie Karl Brandt). Der Mehrheit der Täter war eine Wiedereingliederung in das Leben im Nachkriegsdeutschland vergönnt, wenn auch manche – lange nach Begehung der Tat – noch vor Gericht gestellt wurden und geringfügige Strafen erhielten.

Am vergessenen Tatort in der Tiergartenstraße befinden sich heute eine Bushaltestelle, die Philharmonie und am Rand der Straße eine Großskulptur von Richard Serra: »Berlin Junction«. Entstanden für eine Berliner Kunstausstellung, spielt sie offensichtlich auf die deutsche Teilung an. Sie sollte eigentlich im Lichthof des Martin-Gropius-Baus aufgestellt werden, letztlich jedoch entschied man sich für eine Platzierung neben der Philharmonie. Als der Künstler dieser Umsetzung zustimmte, ahnte er nicht, auf welch historisch kontaminiertem Gelände sein Kunstwerk einmal stehen sollte. Erst 1987, nach der Aufstellung der Skulptur an diesem Platz, erhoben sich lautere Forderungen nach einem Denkmal für die Opfer der

Gedenktafel T4, 2012

Die Skulptur »Berlin Junction« von Richard Serra

Aktion T4. In Absprache mit dem Künstler wurde zunächst erklärt, dass die Skulptur auch das Gedenken an die T4-Opfer einschließe, jedoch bewirkte die Lokalgeschichtswerkstatt »Aktives Museum«, dass 1989 eine zusätzliche Gedenktafel neben Serras Skulptur in den Boden eingelassen wurde. Sie erhielt die Inschrift:

Ehre den vergessenen Opfern

An dieser Stelle, in der Tiergartenstraße 4, wurde ab 1940 der erste national-sozialistische Massenmord organisiert, genannt nach dieser Adresse »Aktion T4«. Von 1939 bis 1945 wurden fast 200 000 wehrlose Menschen umgebracht. Ihr Leben wurde als lebensunwert bezeichnet, ihre Ermordung hieß »Euthanasie«. Sie starben in den Gaskammern von Grafeneck, Brandenburg, Hartheim, Pirna, Bernburg und Hadamar, sie starben durch Exekutionskommandos, durch geplanten Hunger und Gift. Die Täter waren Wissenschaftler, Ärzte, Pfleger, Angehörige der Justiz, der Polizei, der Gesundheits- und Arbeitsverwaltungen. Die Opfer waren arm, verzweifelt, aufsässig oder hilfsbedürftig. Sie kamen aus psychiatrischen Kliniken und Kinderkrankenhäusern, aus Altenheimen und Fürsorgeanstalten, aus Lazaretten und Lagern. Die Zahl der Opfer ist groß, gering die Zahl der verurteilten Täter.

Anhang

Literatur- und Quellenverzeichnis

Aly, Götz (Hg): Die »Euthanasie«-Zentrale in der Tiergartenstraße 4, Edition Hentrich, Berlin 1989

Assmann, Aleida, Interview vom 23. November 2010: www.denkanstoesse.de/Kultur/140-Zur%C3%BCck%20und%20voraus! (19.4.2012)

Auszug aus dem »Statut für die Benützung des Leichenhauses auf dem Begräbnißplatz der Jerusalems und Neuen Kirche vor dem Halleschen Thore« vom 5. Juni 1840: www.gbbb-berlin.com/statut_d.htm (19.4.2012)

Bargur, Ayelet: Ahawah heißt Liebe. Die Geschichte des jüdischen Kinderheims in der Berliner Auguststraße, München 2006

Bendt, Vera u. a.: Wegweiser durch das jüdische Berlin, Berlin 1987

Buschbeck, Lysann: Christian Boltanski The Missing House (Große Hamburger Straße, Berlin-Mitte) http://www.hgb-leipzig.de/mahnmal/bolti.html (19.4.2012)

Demps, Laurenz: Berlin-Wilhelmstraße. Eine Topographie preußisch-deutscher Macht, Berlin 2000

Deutsche Stiftung Denkmalschutz, Sophienkirche: www.denkmalschutz.de/3256.html (19.4.2012)

Die Bau- und Kunstdenkmale der DDR, Hauptstadt Berlin I, Gesamtredaktion Heinrich Trost, Berlin 1984

Drechsel, Klaus Peter: Beurteilt – Vermessen – Ermordet. Die Praxis der Euthanasie bis zum Ende des deutschen Faschismus, Münster 1993

Eckhardt, Ulrich u. a.: Jüdische Orte in Berlin, Berlin 2005

Engel, Johann Jacob, Moses, Mendelssohn: An die Freunde Lessings, 2011

Evers, Marco: Annalen des Todes, Der Spiegel 13/1999: 268–273 oder: http://www.spiegel.de/spiegel/print/d-10630243.html (19.4.2012)

Gräber auf dem Dorotheenstädtischer Friedhof: www.berlinstreet.de/dorotheenstaedtischer-friedhof

Hartwig, Sven: Entwicklung der Berliner Rechtsmedizin: http://remed. charite.de/institut/historie/ (19.4.2012)

Hepp, Michael: Kurt Tucholsky. Biographische Annäherungen. Reinbek bei Hamburg 1993

Historische Friedhöfe und Bestattungskultur: http://sepulcralia.de/blog/ grabinschriften

Johan Heinrich Jung-Stilling: Lehrbuch der Staatspolizeiwissenschaft, 1788: http://www.jung-stilling-forschung.de/ (19.4.2012)

Klein, Menachem Halewi: Vom Abschiednehmen. Eine Auswahl jüdischer Gesetze, Gebete, Gebräuche und Geschichten zu Trauer und Tod, Basel 2000

Knobloch, Heinz: Der beherzte Reviervorsteher. Ungewöhnliche Zivilcourage am Hackeschen Markt. Frankfurt a. M. 1996

Knobloch, Heinz: Misstraut den Grünanlagen! Extrablätter, Berlin 1996

von Krosigk, Klaus: Kirchhof der Parochialkirche, Verein für die Geschichte Berlins e.V.: http://www.diegeschichteberlins.de/geschichteberlins/ berlin-abc/stichwortehn/579-klosterviertel-6.html (19.4.2012)

Krug, Henriette: Spirituelle Dimensionen ärztlichen Handelns. In: Spiritualität, Religion und Kultur am Krankenbett. Schriftenreihe Ethik und Recht in der Medizin, Wien 2009, Volume 3, S. 61–70

Kuhnke, Manfred: Falladas letzter Roman: Die wahre Geschichte, Friedland 2011

Landesdenkmalamt Berlin (Hg.): Kirchenruine des Grauen Klosters in Berlin. Geschichte, Forschung, Restaurierung. Petersberg 2007

Losier, Amélie; Wauer, Britta: Der Jüdische Friedhof Weißensee, Berlin 2011

Marock, Peter: Die Friedhöfe am Halleschen Tor www.gbbb-berlin.com/ haltor_d.htm (19.4.2012)

Meyer, Bernhard: 29. November 1713 – Erste Sektion einer Leiche in Berlin. Berlin 1997: http://www.luise-berlin.de/bms/bmstxt97/9711novb.htm (19.4.2012)

Monumente 02.2011: Die Berliner Marienkirche erhielt eine neue Farbfassung: http://www.monumente-online.de/11/01/streiflichter/ Marienkirche.php (19.4.2012)

Mursinna, Christian Ludwig: Beruf und Verdienste: http://www.stolp.de/ mursinna_christian_ludwig.html (19.4.2012)

Ring, Max: Die Berliner Charité, Die Gartenlaube 1858, Heft 23, S. 339– 341: http://de.wikisource.org/wiki/Die_Berliner_Charite (19.4.2012)

Schipperges, Heinrich: Sein Alter leben. Wege zu erfüllten späten Jahren, Freiburg u. a. 1986

Schmidt, Ulf: »Neue Forschungsergebnisse zum ›Knauer Kind‹ im Jahre 1939«, in: Frewer, A., Eickhoff, C. (eds.): »Euthanasie« und die aktuelle Sterbehilfe-Debatte. Die historischen Hintergründe medizinischer Ethik. Frankfurt a. M./New York, 2000, S. 113 – 129

Senatsverwaltung für Stadtentwicklung: http://www.stadtentwicklung.berlin.de (Stand: 19.4.2012)

Spurensuche: Jüdische Friedhöfe in Deutschland: http://spurensuche.steinheim-institut.org/pdf/Nichtjuedische%20Symbolik%20und%20Ornamentik.pdf (19.4.2012)

Sternbeck, Wolfram: Das Berliner Invalidenhaus http://www.militaermuseum-brandenburg-preussen.de/Templates/Artikel%20Das%20Berliner%20Invalidenhaus.html (19.4.2012)

Stolberg, Michael: Seine unbeschreiblichen Leiden gemildert und sein Ende befördert. Aktive Sterbehilfe um 1800, Deutsches Ärzteblatt, Köln 2009; 1606 (38) 1836 – 8

Timm, Uwe: Halbschatten, Köln 2008

»Toleranz« Pogromnacht-Gedenken 2006 www.akd-ekbo.de/files/Programmheft_06.pdf (19.4.2012)

Wiegrefe, Klaus: Im Bunker des Bösen, DER SPIEGEL 35/2004: http://www.spiegel.de/spiegel/print/d-31900129.html (19.4.2012)

Zagolla, Robert: Im Namen der Wahrheit. Folter in Deutschland vom Mittelalter bis heute, Berlin 2006

Abbildungsnachweis

Archiv der Autoren S. 13, 15 (li), 19, 24, 25, 26 (o), 38, 39, 40, 41, 48, 49, 69, 74, 86, 89, 93, 121, 137, 144, 149

Berliner Medizinhistorisches Museum der Charité S. 98 (Foto: Navena Widulin 2008, BMM), 99 (Foto: Navena Widulin 2008, BMM)

Bundesarchiv S. 70 (re)/Bildnummer: 183-S78682, 70 (li)/Bildnummer: 183-R99540, 145/Bildnummer: 146-1988-092-32

dpa picture alliance S. 146

Kirschey-Feix, Ingrid S. 118, 157

Klitscher, Martin S. 31

Müller-Busch, H. Christof S. 6

Werner, Joachim S. 7, 8, 9, 15 (re), 16, 17, 20, 21, 22, 26 (u), 28, 29, 34, 35, 42, 45, 50, 52, 53, 54, 56, 57, 58, 60, 63, 64, 66, 71, 75, 76, 77, 79, 81, 88, 90, 94, 102, 103, 104, 108, 109, 112, 113, 114, 117, 123, 127, 130, 132, 138, 143, 151 (o)

Stokes, Lauren S. 151 (u)

typegerecht berlin S. 10, 46, 84, 106, 134, 158/159

Grab von Herbert Marcuse auf dem Dorotheenstädtischen Friedhof, 2012

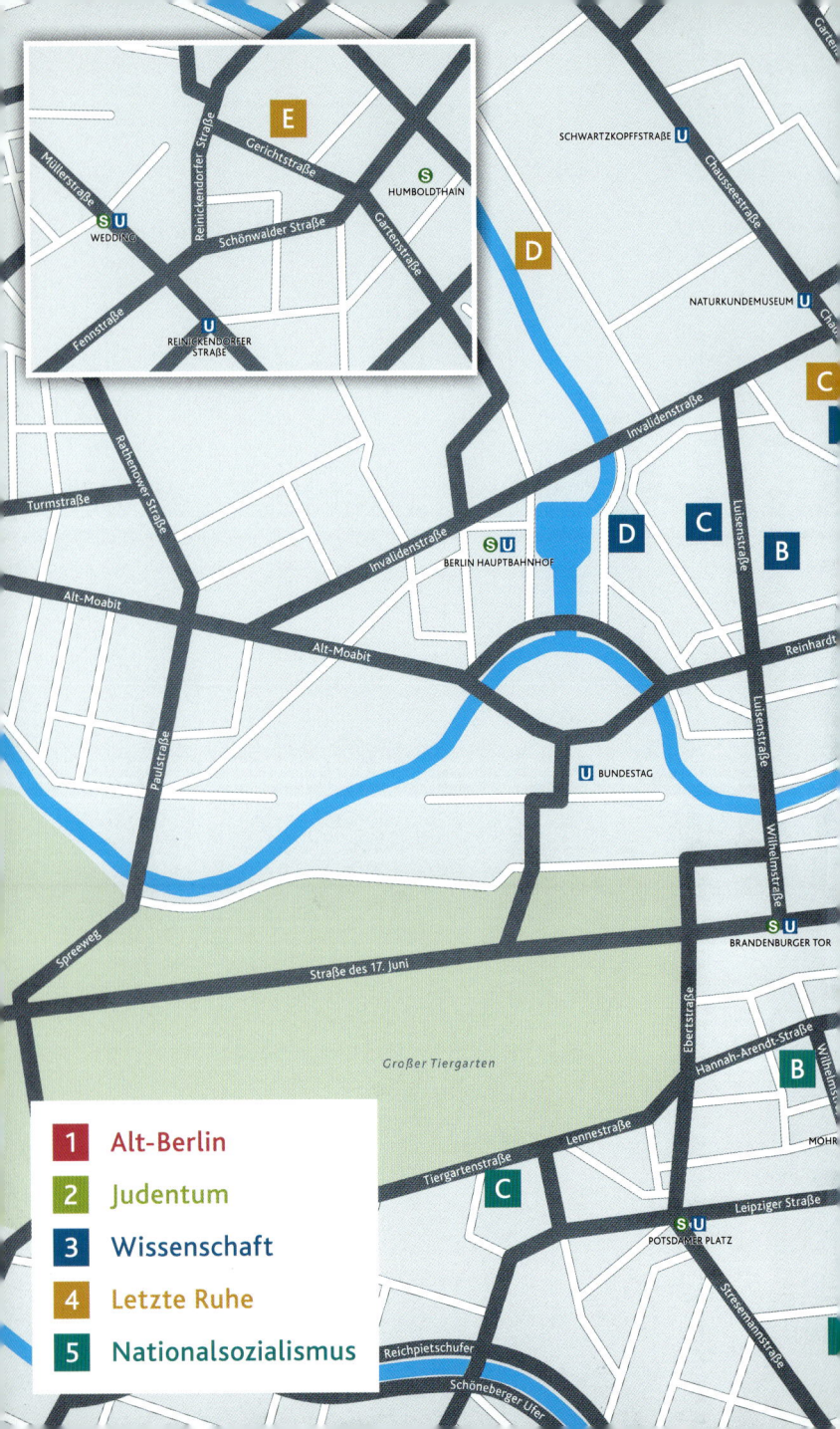

1 Alt-Berlin
2 Judentum
3 Wissenschaft
4 Letzte Ruhe
5 Nationalsozialismus

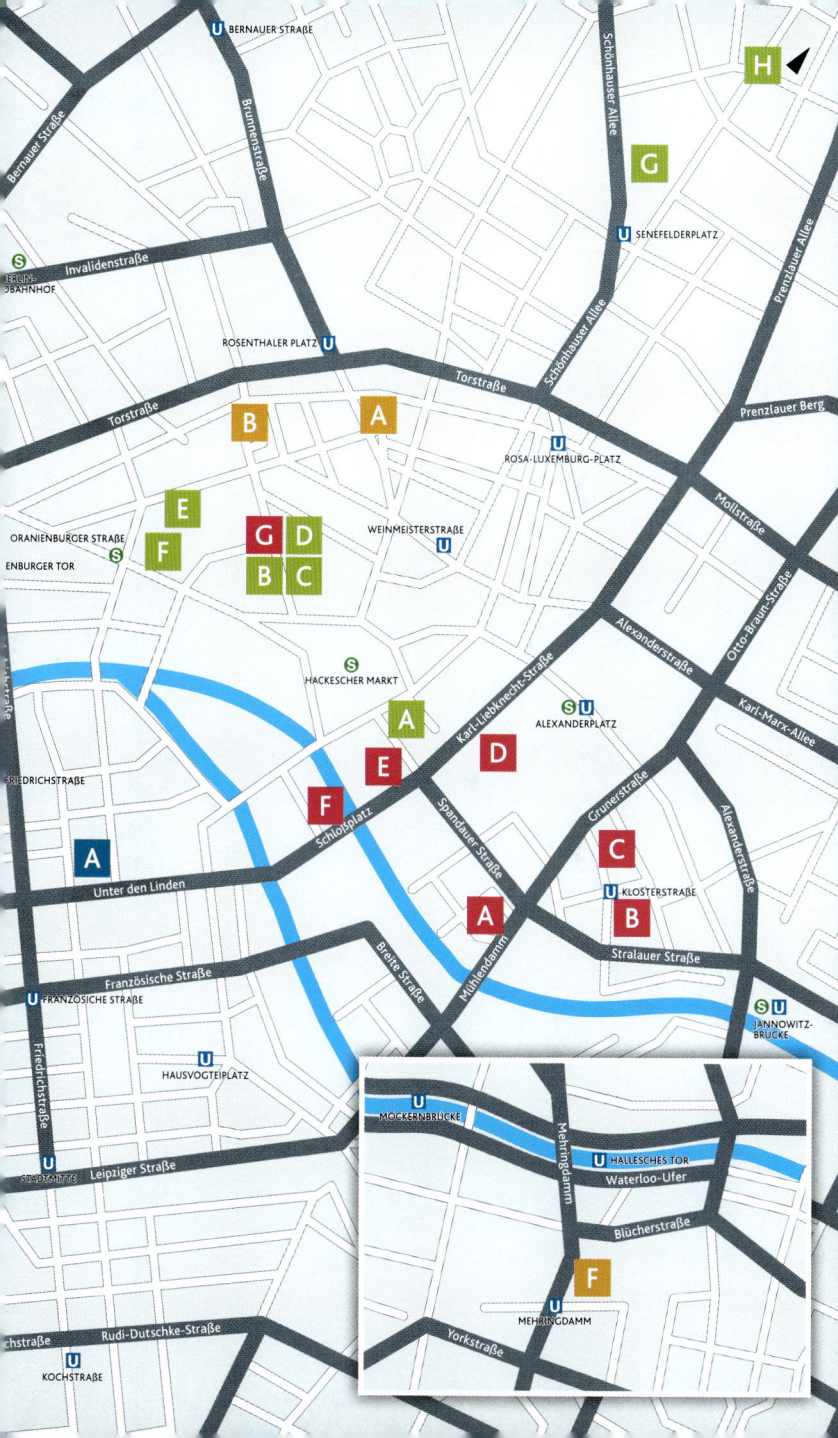

Eva Brinkschulte /
Thomas Knuth (Hrsg.)

Das medizinische Berlin
Ein Stadtführer durch 300 Jahre Geschichte

288 Seiten, Paperback
114 Abbildungen
ISBN 978-3-8148-0178-0
14, 95 € [D]

Dieser Stadtführer erschließt einen besonderen Aspekt der Berliner Stadt-geschichte und führt in verständlicher, kompakter Form durch die heute noch erlebbare Medizingeschichte der letzten drei Jahrhunderte – von der Charité bis zum Universitätsklinikum Benjamin Franklin. Ein großer Teil der historischen Bauten ist heute noch erhalten und Denkmäler erinnern vielerorts an die überragenden Leistungen deutscher Ärzte. So ist das Buch ein fundiertes und gut lesbares Überblickswerk und bietet zugleich zahlrei-che Ideen für außergewöhnliche Spaziergänge durch die Stadt.

Mit Karten, Serviceinformationen und Insider-Tipps für die Ausflugs-planung!

»So ein Buch hat uns schon lange gefehlt.«
Rosemarie Stein in BERLINER ÄRZTE

»... ein Buch, das zum Schmökern und als handlicher Reiseführer gut taugt.«
MEDICAL TRIBUNE